中华文化风采录
千秋圣殿奇观

非凡的天宫

陈 璞 编著

天后古庙

北方妇女儿童出版社
·长春·

图书在版编目(CIP)数据

　　非凡的天宫 / 陈璞编著. -- 长春 ： 北方妇女儿童出版社， 2017.5（2022.8重印）
　　（千秋圣殿奇观）
　　ISBN 978-7-5585-2011-2

　　Ⅰ．①非… Ⅱ．①陈… Ⅲ．①寺庙－介绍－中国 Ⅳ．①K928.75

　　中国版本图书馆CIP数据核字(2017)第315969号

非凡的天宫

FEIFAN DE TIANGONG

出 版 人	师晓晖	
责任编辑	吴　桐	
开　　本	700mm×1000mm　1/16	
印　　张	6	
字　　数	85千字	
版　　次	2017年5月第1版	
印　　次	2022年8月第3次印刷	
印　　刷	永清县晔盛亚胶印有限公司	
出　　版	北方妇女儿童出版社	
发　　行	北方妇女儿童出版社	
地　　址	长春市福祉大路5788号	
电　　话	总编办：0431-81629600	

定　　价　　36.00元

习近平总书记说："提高国家文化软实力，要努力展示中华文化独特魅力。在5000多年文明发展进程中，中华民族创造了博大精深的灿烂文化，要使中华民族最基本的文化基因与当代文化相适应、与现代社会相协调，以人们喜闻乐见、具有广泛参与性的方式推广开来，把跨越时空、超越国度、富有永恒魅力、具有当代价值的文化精神弘扬起来，把继承传统优秀文化又弘扬时代精神、立足本国又面向世界的当代中国文化创新成果传播出去。"

为此，党和政府十分重视优秀的先进的文化建设，特别是随着经济的腾飞，提出了中华文化伟大复兴的号召。当然，要实现中华文化伟大复兴，首先要站在传统文化前沿，薪火相传，一脉相承，弘扬和发展5000多年来优秀的、光明的、先进的、科学的、文明的和自豪的文化，融合古今中外一切文化精华，构建具有中国特色的现代民族文化，向世界和未来展示中华民族具有独特魅力的文化风采。

中华文化就是中华民族及其祖先所创造的、为中华民族世世代代所继承发展的、具有鲜明民族特色而内涵博大精深的优良传统文化，历史十分悠久，流传非常广泛，在世界上拥有巨大的影响力，是世界上唯一绵延不绝而从没中断的古老文化，并始终充满了生机与活力。

浩浩历史长河，熊熊文明薪火，中华文化源远流长，滚滚黄河、滔滔长江是最直接的源头，这两大文化浪涛经过千百年冲刷洗礼和不断交流、融合以及沉淀，最终形成了求同存异、兼收并蓄的辉煌灿烂的中华文明。

中华文化曾是东方文化的摇篮，也是推动整个世界始终发展的动力。早在500年前，中华文化催生了欧洲文艺复兴运动和地理大发现。在200年前，中华文化推动了欧洲启蒙运动和现代思想。中国四大发明先后传到西方，对于促进西方工业社会形成和发展曾起到了重要作用。中国文化最具博大性和包容性，所以世界各国都已经掀起中国文化热。

中华文化的力量，已经深深熔铸到我们的生命力、创造力和凝聚力中，是我们民族的基因。中华民族的精神，也已深深根植于绵延数千年的优秀文化传统之中，是我们的精神家园。但是，当我们为中华文化而自豪时，也要正视其在近代衰微的历史。相对于5000年的灿烂文化来说，这仅仅是短暂的低潮，是喷薄前的力量积聚。

中国文化博大精深，是中华各族人民5000多年来创造、传承下来的物质文明和精神文明的总和，其内容包罗万象，浩若星汉，具有很强的文化纵深感，蕴含丰富的宝藏。传承和弘扬优秀民族文化传统，保护民族文化遗产，已经受到社会各界重视。这不但对中华民族复兴大业具有深远意义，而且对人类文化多样性保护也有重要贡献。

特别是我国经过伟大的改革开放，已经开始崛起与复兴。但文化是立国之根，大国崛起最终体现在文化的繁荣发展上。特别是当今我国走大国和平崛起之路的过程，必然也是我国文化实现伟大复兴的过程。随着中国文化的软实力增强，能够有力加快我们融入世界的步伐，推动我们为人类进步做出更大贡献。

为此，在有关部门和专家指导下，我们搜集、整理了大量古今资料和最新研究成果，特别编撰了本套图书。主要包括传统建筑艺术、千秋圣殿奇观、历来古景风采、古老历史遗产、昔日瑰宝工艺、绝美自然风景、丰富民俗文化、美好生活品质、国粹书画魅力、浩瀚经典宝库等，充分显示了中华民族厚重的文化底蕴和强大的民族凝聚力，具有极强的系统性、广博性和规模性。

本套图书全景展现，包罗万象；故事讲述，语言通俗；图文并茂，形象直观；古风古雅，格调温馨，具有很强的可读性、欣赏性和知识性，能够让广大读者全面触摸和感受中国文化的内涵与魅力，增强民族自尊心和文化自豪感，并能很好地继承和弘扬中国文化，创造未来中国特色的先进民族文化，引领中华民族走向伟大复兴，在未来世界的舞台上，在中华复兴的绚丽之梦里，展现出龙飞凤舞的独特魅力。

海上龙宫——湄洲妈祖庙

第一行宫——平海天后宫

湄洲妈祖庙

　　湄洲妈祖庙，位于福建莆田的湄洲岛。湄洲祖庙是对湄洲妈祖庙的尊称。湄洲妈祖庙建于987年的宋代，供奉的是妈祖林默。

　　湄洲妈祖庙是传说妈祖林默升天的那年，人们为了纪念她而建，是最早的妈祖庙。因此，它又被称为全世界2000多座妈祖庙的祖庙，是全世界妈祖信众心中的圣地。

　　湄洲妈祖庙由正殿和偏殿等五组建筑群构成，有16座殿堂楼阁，99间斋舍客房，画梁雕栋，金碧辉煌，有"海上龙宫"之誉。

菩萨化身妈祖救海上遇难人

  在宋朝时，福建有一家姓林的名门望族，这家男主人叫林愿，在宋初官任都巡检，他的父亲林孚曾经是福建的总管。

  传说当时林愿的妻子王氏，在梦里见到了观音菩萨，观音菩萨给了她一个仙果，她吞食仙果后就怀孕了。

■ 湄洲妈祖庙牌坊

960年，就是宋太祖建隆元年三月二十三，在王氏即将分娩的时候，福建莆田县城郭西南的壶公山峰上空忽然射出一道霞光，好像千万闪电在壶公山的峰顶上闪烁，直向林愿的屋院中射来。

当时，林愿正靠在院中的窗棂边坐着，忽见一道奇异的彩光，照亮了整个客厅，空气中充满了芬芳的异香。观音菩萨从彩光中出现了，林愿急忙跪在地上，对着那道彩光的方向连连膜拜。

观音菩萨慈祥地对林愿说："你即将出生的这个女儿比男孩还尊贵，这是菩萨的好意，你要好好地把她养大，行菩萨之道。"

说完，观音菩萨便隐身而去了，满室的祥光也随之消失了。林愿慢慢站起来，他思索着菩萨说的话到底是什么意思呢。

这时，稳婆跑来对林愿说："老爷！恭喜您，夫人生了个千金，又白又胖，可是她就是不哭啊！"

观音菩萨 观世音是鸠摩罗什的旧译，玄奘新译为观自在，中国每略称为观音。观世音菩萨是佛教中慈悲和智慧的象征，当众生遇到任何的困难和苦痛，如能至诚称念观世音菩萨，就会得到菩萨的救护。

■ 湄洲妈祖庙建筑

道士　信奉道教教义并修习道术的教徒的通称。道士作为道教文化的传播者，道士之称始于汉朝，当时意同方士。在道教典籍中，男道士也称乾道，女道士则相应地称坤道。黄冠专指男道士时，女道士则相应地称为女冠。

稳婆走近林愿面前继续说："这女孩一定是个贵命，刚生下来，她就睁开了眼睛，并且不像别的孩子一样哭闹，我打了几下，她还是不哭，她长大后一定是个有福之人！"

林愿听后，思索了一下，说："她生下来就不哭吗？那么就给她取名为默娘吧！"

默娘渐渐长大，她非常聪明伶俐。8岁时家人就送她到私塾读书，老师教的文章她很快就能明白，并且能融会贯通。默娘还笃信神佛，她每日都焚香念经，早晚不懈。

在默娘13岁时候，有一位老道士名叫玄通，来她家做客，看到默娘的时候是眼前一亮，便对默娘说："你有仙根，这本《玄微秘法》你拿去修炼，可以渡入正果！"

默娘拿到经书之后便依法修炼，她均能领悟要旨。随着修炼时间加长，默娘渐渐有了预知能力，她能够提前预知天气的变换。

有一年秋天，正是捕鱼季节，渔民们都要出海捕鱼了。

默娘听说后，她闭目冥想了一下，又向外面正南方的山尖上看了看，她对父亲林愿说："父亲，今天有台风，不能出海捕鱼！"

默娘的父亲林愿，当时担任维持海上治安的巡官，负责防止海盗和保护渔民的安全，所以当渔民们出海捕鱼时，林愿就会率领巡船护卫渔民。

林愿听默娘这样说，便走下台阶向渔民们恳切地说："今天要刮飓风，南山头上不是起了钩钩云吗！大家还是不要出海了，万一大家有了不幸，我怎么对得起你们呢？"

可是渔民们为生活所迫，无论如何不听劝告，一

私塾 是我国古代社会一种开设于家庭、宗族或乡村内部的民间教育机构。它是旧时私人所办的学校，以儒家思想为中心，它是私学的重要组成部分。清代地方儒学有名无实，青少年真正读书受教育的场所，除义学外，一般都在地方或私人所办的学塾里。因此清代学塾发达，遍布城乡。

■ 湄洲妈祖庙石刻

定要下海捕鱼，林愿只好点头答应。默娘再次劝告父亲说："父亲，今天一定有台风，你们去不得啊！"

林愿对女儿说："他们都要下海，我受国家的俸禄，职责所在，怎能不以性命保护他们呢？"

默娘知道父亲脾气，便不再劝解了。当林愿率领渔民们出发时，她便对渔民们说："倘若今天的天气有了变化，你们迷失了方向，请一定观看火光，哪里有火光，哪里就是岸边。"

渔民们都下海之后，不到半天台风就来了。狂暴的风雨袭击着整个莆田，天灰蒙蒙的。在海上的渔民被狂风吹袭着，怎么也看不到海岸。渔船被浪涛激荡着，被风雨吹打着，忽高忽低，好像跌入深渊似的失去了驾驶力。

渔民们狂喊了起来，他们呼救的声音和着狂风暴雨与浪涛传到了岸上。默娘听到人们的喊声，急忙从房中奔到院中，她对女仆们喊道："快把后房的柴垛点起来，他们一定迷失了方向！"

女仆说："姑娘，我们怎能烧自己的房子呢？"

■ 湄洲妈祖庙香炉

湄洲妈祖庙天后宫

默娘说："我们不烧自己的房子，谁烧自己的房子呢？我们要拯救数百迷失了方向的渔民啊！只有牺牲自己的房子，点燃房屋后，他们才知道往何处去呀！"

女仆还是不肯照着做，默娘只得自己动手。她跑到后院，用一堆干柴把火点起来了。火光在雨水浇灌下冒着浓烈的黑烟，在狂风中火苗摇摆着冲向了天际，火势狂烈，火声呼呼作响。

在狂风暴雨和黑暗中的渔民，幸而看到了火光，他们获得了一线生机，大家高喊着说："那边有火光，是默娘给我们点燃的，火光处就是岸边，我们向火光处驶，向火光处划！"

因为这火光，大家在苦难中获得了光明，重新充满了希望，于是就奋力划起船来。最终，大家回到了岸上，数百名渔民终于得救了。

大家都很感激默娘，也很惭愧当时没有听默娘的劝阻就强行出海了，渔民纷纷说以后一定要听默娘的劝阻了。

转眼间，默娘16岁了。有一天，默娘与一群女孩对着井水照影子，忽然，大家看到一位神人捧着一个道符从井中上来，后面还有仙班簇拥着。

■ 湄洲妈祖庙妈祖金身像

道符 又称神符或天符。通常用竹板或金属制成，上面刻着文字，剖分为两半，是法力的象征，具有绝对服从的意义。因此，佩戴道符的法师具有崇高不可抗拒的法力。

女伴们都吓得跑开了，只有默娘没有离开。神人微笑着把道符授给了默娘。默娘得到道符后，不一会儿便领悟了其中奥秘，感觉有了无形的法力。

从此以后，默娘虽身在家中，却能时常神游万方和预测吉凶祸福了。后来，她能为人治病消灾，逐渐还能驾云飞渡大海和拯救海难，远近的人们都很感激她，称她为"神姑"或"龙女"。

有一年秋天，默娘的父亲和兄长驾舟渡海北上了。他们出发不多久，正在室中精心织布的默娘忽然变了脸色，她伏在织布机上闭起眼睛，又伸出双手紧紧抓住梭，用力地按住杼，两脚紧紧地踏着机轴，好像在拼尽全力做什么。

默娘的母亲发觉后十分惊恐，急忙去推她，想要把她叫醒。这一推，默娘失手将梭掉在了地上。默娘睁开眼睛，顿足高声哭了起来，她喊道："父亲得救了，哥哥坠海死了！"

默娘的母亲听完十分惊慌，连忙差人打听消息。不一会儿便有消息回报，说默娘的父亲和兄弟出海没多久就遇上了飓风，她父亲的船在怒涛中仓皇失措，好几次都几乎翻船，但是好像有人稳住了船舵一般，慢慢靠近了她兄长所在的船，但当快要靠近的时候，默娘兄长的船就沉没了。

原来，妈祖闭着眼时，脚踏着的是她父亲的船，而手抓的是她兄长的船舵。母亲把默娘叫醒，梭子坠在了地上，默娘兄长的船就倾覆了。父亲脱险返航，而她的兄长就被汹涌的浪涛吞没了。

到了默娘21岁那年，莆田地区大旱，河流干涸，田地龟裂，连饮水也有困难，人们困苦万分。当时的默娘，已是无人不晓的能呼风唤雨的神女了，人们都说，只有神女才能化解这场灾害啊！

莆田县令无计可施，为解全县旱灾，遂向默娘求救。县令不惜屈尊，冒着烈火骄阳，亲自登门，诚恳谦恭，请默娘为全县百姓祈雨。

默娘欣然应允了，就设坛祈雨。祈雨结束后，默娘告诉县令说三日后将会普降喜雨。日子一天天过去了，眼看着到了默娘所说的日子，却依然烈日如火。

县令 我国古代的一种官名，起源于战国。战国时三晋和秦已称县的行政长官为令。秦商鞅变法后，并诸小乡为县，设置令及职责。县令本来直隶于国君，在战国末年，郡县两级制形成后，县就属于郡了，县令就成为郡守的下属了。

■ 湄洲妈祖印

非凡的天宫

就在大家怀疑默娘法力的时候，突然雷声隆隆，电光闪闪，紧接着，暴雨如倾，天降甘霖，旱情骤解，万民欢呼，都称默娘是"通灵神女"。

后来，默娘在28岁的时候，她在一场海难中牺牲了。但是，在民间传说中，说默娘并不是去世了，而是飞升成仙了。

传说那是在九月初九重阳节的前一天，默娘对家中人说："我心好清净，不愿居于凡尘世界。明天是重阳节，我想去爬山登高，预先和你们告别了啊！"

大家都以为默娘要登高远眺，不知她将飞升成仙。第二天早上，默娘焚香念经后，她对姐姐们说："今天我要登山远游，实现我的心愿，但道路难走而且遥远，你们不能和我同行。"

默娘告别姐姐们，直上山峰的最高处。传说她到了山顶，忽见山顶浓云四合，一道白气冲上天空。

■ 湄洲妈祖庙建筑

人们仿佛听见天空有丝竹管弦奏起的仙乐声响彻云天，只见默娘乘着长风、驾着祥云，翱翔于苍天皎日间，若隐若现。

忽然，彩云将默娘围了起来，她就不见了。家

■ 湄洲妈祖庙铜器纹饰

人们这才知道，默娘飞升成仙了。默娘升天后，人们为了纪念她，就在湄洲岛建庙祭祀她，这庙宇就是最早的妈祖庙。

据有关文献记载，当时的妈祖庙仅仅是一个用几根椽木搭建的小庙。但是，来妈祖庙烧香祭祀和祈求出海平安的人依然很多。

默娘升天后，关于她的传说从未间断过，相传每次出海的渔民遇到海难，都会看到默娘显现帮助他们，因此，人们十分感激默娘，都前来祭祀她。

阅读链接

又有传说，妈祖原是观音菩萨身边的一个龙女。她看见东海四处都有海妖兴风作浪，渔民们深受其害，便祈求观世音让她下凡为民除害。

观音菩萨见龙女有这样的慈善之心，就点头答应了，只说了一句："二八为期，去吧！"于是龙女便下凡投胎在湄洲林家了。

在古代，二八就是十六的意思。在默娘16岁时，她想起观音菩萨给她的期限已到，她便十分苦恼，因为她还有很多事情没做。后来一位道士对她说："二八为期，可做二解，一解为十六，二解即把二八拆开来念，不就是二十八吗？"

默娘听了便安心地留了下来，继续为乡亲们除恶驱邪，直到她28岁才告别亲人，并羽化升天了。

妈祖显灵而使祖庙昌盛

　　湄洲妈祖庙建成后，据说妈祖经常显灵，乡亲们时常能看到妈祖站立在山岩水洞之旁，盘坐于彩云雾霭之间。还传说，每当人们遇到困难的时候只要喊："妈祖保佑！"妈祖就会闻声而至，使人们逢凶化吉和遇难成祥。

　　后来，妈祖庙又经过了多次扩建和修葺，到了1030年左右，祖庙

湄洲妈祖庙正殿匾额

■ 湄洲妈祖庙顺济殿

已经具有了一定规模，由正殿、寝殿等组成，到妈祖庙朝拜的人络绎不绝。

　　到了1123年的宋代，妈祖信仰由民间传到了朝廷，这是因为当时给事中路允迪奉旨出使高丽，吊唁高丽国王的途中，他们的船队在航行途中得到了妈祖显灵庇佑。

　　当时路允迪的船队在航行途中遇到飓风，他们8艘船转眼间沉没了7艘，只剩下路允迪所乘的那一艘，并且这艘船也危在旦夕。路允迪船的桅杆上红光四射，刹那间，仿佛有一把大伞挡住了狂涛巨浪。

　　红光过后，风浪顿息，船员们转危为安。路允迪向部下打听是何方神灵救助，当时船上的一名船员是莆田人，名李振。他告知路允迪这个是湄洲神女妈祖。路允迪回朝复命时，便将途中的奇遇上奏给了宋徽宗。

路允迪 字公弼，宋朝官员。官至给事中，1123年，他奉诏出使高丽，搭船至东海，遇到狂风，八舟溺七，只有允迪所乘之船安然以济，船员李振说这是湄州女神显灵。

徽宗皇帝当即下诏赐妈祖庙"顺济"庙额，封妈祖为"顺济夫人"。殿内祀四海龙王，中间置"妈祖巡海图"巨型插屏。这是妈祖显灵事迹第一次由民间传到朝廷，并且得到朝廷的确认和褒封。

到了元代，湄洲妈祖祖庙得到进一步扩建。在元代诗人洪希文的《题圣墩妃宫》诗中就有对当时湄洲妈祖庙盛况的描写。诗道：

■ 湄洲妈祖庙顺济殿内供奉的西海龙王

我昔缆舟谒江干，曾觌帝子琼华颜。

云涛激射雷电洶，殿阁碑兀鱼龙间。

此洲仙岛谁所构，面势轩豁窥层澜。

壶山崅秀倒影入，乾坤摆脱呈倪端。

粉墙丹柱辉掩映，华表耸突过飞峦。

湘君小水幻灵骨，虞帝迹远何由攀。

银楼玉阁足官府，忠孝许入巫咸班。

帝怜遐陬杂鲸鳄，柄受水府司人寰。

五云殿邃严侍卫，仙衣法驾朝天关。

危樯出火海浪破，神鬼役使忘险艰。

灵旗旎挐广乐振，长风万里翔虬鸾。

平洲远屿天所划，古庙不独夸黄湾。

至人何心恋桑梓，如水在地行曲盘。

漕运 是我国历史上一项重要的经济制度。在我国古代历代封建王朝，都会将征自田赋的部分粮食运往京师。这种粮食称漕粮，漕粮的运输称漕运，方式有河运、水陆递运和海运三种。

升阶再拜荐脯藻，不以菲薄羞儒酸。

日谈诗史得少瑕，石桥潜渡凭雕栏。

诗成不觉肝胆醒，松桧荟桧鸣玦环。

骑鲸散发出长啸，追逐缥缈乘风还。

其中的"粉墙丹柱辉掩映，华表耸突过飞峦"，讲的就是当时湄洲妈祖庙的盛况。

到了明代，妈祖显灵的事迹也不曾间断。当时，我国北方的粮食依然在极大程度上依赖南方，所以漕运仍是朝廷的重要工作。

有一年春天，漕运官船满载粮食出发了。刚出发时水碧天晴，粮官们凭栏酌酒，非常畅快。可天气说变就变。突然间天就阴沉了下来，紧接着狂风暴雨席卷而来，船队在暴风雨中迷失了方向。

由于漕运所动用的船队非常庞大，几乎每次船只都有上百艘，随行人员都过万人，若出了意外，损失便是十分惨重。

传说在这危急的关头，全体官兵想起了经常救助海难的妈祖，于是都狂呼："妈祖救我！"

就在这时候，祥云瑞气充满了天空，一个红衣女子在祥云中显现，紧接着便风平浪静了。漕船得到了平安，众官兵都说是妈祖显灵了，朝天跪拜。

祥云 从周代中晚期开始，逐渐在楚地形成了以云纹特别是动物和云纹结合的变体云纹为主的装饰风格。这股风气到秦汉时已是弥漫全国，达到了极盛。云气神奇美妙，发人遐想，其形态的变幻有超凡的魅力，云天相隔，令人寄思无限。所以，在古人看来，云是吉祥和高升的象征，是圣天的造物。

■ 湄洲妈祖庙妈祖雕像

■ 湄洲妈祖庙山门

晨钟暮鼓 指寺庙中早晚报时的钟鼓声。古人划一昼夜为十二时辰，到一定时辰便击鼓报时，以便让民众知晓。为了使钟声传播更远，除了铜钟越铸越大之外，还建较高的钟楼，与鼓楼相对，朝来撞钟，夜来击鼓。

后来，漕运官员抵达朝廷后，将这件事启奏给了皇帝，明太祖听后下旨封妈祖为"昭孝纯正孚济感应圣妃"。

在明代的时候，妈祖曾多次显灵，并且湄洲祖庙在这一时期也得到了扩建。1374年，泉州街指挥周坐主持重建了寝殿，又建山门、钟鼓楼和香亭。

"山门"是湄洲祖庙建筑的第一道门。山门呈皇城阙状，这是因为妈祖被民间尊为天上圣母，是至高无上的女神。山门的建筑风格是歇山顶式的城楼，顶上的垛口像长城，最顶部有两条跃跃欲飞的龙。

在我国古代，皇帝是真龙天子。狮子是我国的吉祥物，山门两旁的石狮，这一组"龙腾狮跃"，更是增添了几分喜庆气氛。

钟鼓楼是所有妈祖庙的必配建筑，东西对峙。平时，晨钟暮鼓，昭示风调雨顺，物阜民丰。而每逢节庆祭祀活动，以鸣鼓三通开始，以敲钟表示礼终。每当那个时候，钟鼓和鸣，声震海陬，庄严肃穆，蔚为壮观。

郑和下西洋时，因妈祖庇佑有功，奉旨遣官修整祠庙。1441年，郑和最后一次下西洋之前，亲自与地方官员备办木石，再次修整祖庙。

传说郑和下西洋时曾亲眼看到妈祖显灵。郑和第一次下西洋是前往暹罗等国。船队云帆高悬，浩浩荡荡。当船至广州大星洋时，突然大风骤起，洪涛如山，上下颠簸，船之将覆。

在这紧急关头，船员请求郑和向天妃妈祖祈祷，郑和祷告说："郑和奉命出使外邦，忽遭风涛危险，身固不足惜，恐无以报天子，军士生命，系于一发，望神妃救之。"

据说郑和祷毕，忽闻鼓笛之声，一阵香风，宛见天妃飒飒飘来，立于云端，旋即风平浪静，转危为安。后来郑和的船队在经过三佛斋时，又遇海寇，也得天妃神助，剿灭海寇。

郑和回国后，立即奏明皇帝，于是，朝廷封妈祖为"护国庇民妙

■ 湄洲妈祖庙景观

光明灯 是供奉神明的一种灯具，体积小，数量多，给信徒使用，并尽可能地延长其燃烧时间，在庙宇中，经常都有光明灯，也叫平安灯。民间习俗上，如果哪年生肖与自己生肖相同，就是所谓的犯太岁，如要化解则必须到庙中点一盏光明灯，时间为一年。

■ 湄洲妈祖庙寝殿天后宫

灵昭应弘仁普济天妃"。

湄洲祖庙经过历朝历代的重修重建，祖庙更加金碧辉煌、巍峨耸立。

在湄洲祖庙正殿的神龛内外各供奉一尊妈祖，这是因为湄洲祖庙是世界上所有妈祖分灵庙的祖庙，很多分灵庙都要从祖庙分灵妈祖神像，而神龛外的这尊妈祖就是要先供奉过一段时间的香火，然后由分灵庙虔诚请回去奉祀的妈祖神像。

神龛两旁是妈祖光明灯，信众们可以把名字与心愿写进灯里，祈求妈祖保佑合家平安，心想事成。妈祖精神的真谛就是慈爱为怀和普济苍生，所以人们相信妈祖一定会保佑他们。

寝殿也就是祖庙天后宫，是世界妈祖信众心目中最神圣的殿堂。进寝殿之前的石柱上面有一副奇特的对联，是明代莆田的一大才子戴大宾所作。联道：

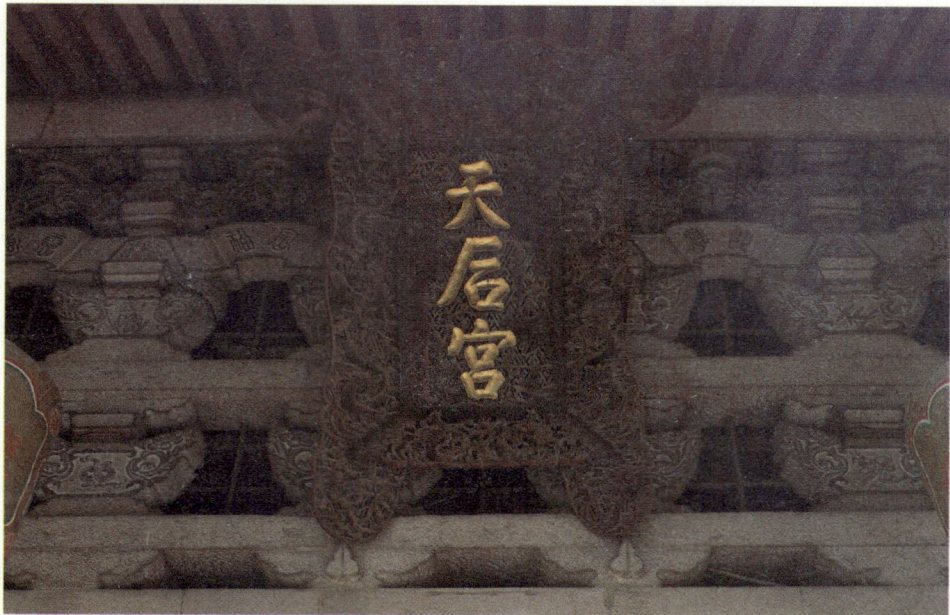

■ 郑和（1371—1433），原名马三保。出身云南咸阳世家，明朝伟大的航海家。他深得明成祖朱棣的器重。1404年，明成祖朱棣赐姓马三保"郑"，改名为和。从此，他便改名为郑和。任内官监太监，官至四品，地位仅次于司礼监。在1405年至1433年间，郑和七下西洋，完成了人类历史上最伟大的壮举。

齐斋齐斋齐齐斋齐齐斋戒；
朝潮朝潮朝朝潮朝朝潮音。

上联的意思是朝拜妈祖的同时，也要学习妈祖慈爱博大、乐于助人的精神，一起"戒"掉不良的行为及私心杂念。下联所蕴含的意思是在学习妈祖精神上，也要像连绵不断的海水一样，每天潮起潮落，持之以恒。

寝殿内左右两边都绘有壁画。右边的壁画记述的是明代著名航海家郑和下西洋的故事。

郑和于1405年至1433年七下西洋，每艘船上都供有妈祖香火，并且他每次下西洋之前，都要到妈祖庙上香，祈求妈祖保佑。

左边壁画所记述的是清朝施琅将军收复台湾的故事。在施琅将军率领收复台湾的军队来到莆田的时候遇到了干旱，后来施琅向妈祖祈求，希望得到妈祖的庇佑找到水源，收复台湾。

后来施琅便从枯井里挖到了水源，解决了大军的用水难题，最终顺利收复了台湾。

寝殿神龛正中奉祀的是"妈祖金身"。在妈祖金

施琅（1621—1696），字尊侯，号琢公，明末清初军事家。原为郑芝龙和郑成功的部将，降清后被任命为清军同安副将，不久又被提升为同安总兵，福建水师提督，先后率师驻守同安，海澄，厦门，1683年率师渡海统一台湾。

■ 湄洲妈祖庙寝殿匾额"神昭海表"

身的两边各有一尊执扇的侍女塑像，她们分别是掌管香花和侍候妈祖的玉女，叫司花和司香。

在殿堂的两边还塑有"五风十雨"塑像，也就是掌管风雨的神灵。还有"左右相"，就是掌管文武大事的官员。

两边廊庑供奉的则是"五湖""四海"和"九河"共18员部将，就是所谓的"水阙仙班"神像。站立门旁的神像是为妈祖服务的，而神座上跪着的小神像是妈祖生前收服的高里鬼。

相传妈祖在世时，有一个叫高里的地方出了一个妖怪，当地百姓深受其害。于是百姓们前去求妈祖医治，妈祖给求治者一符咒，叮嘱百姓回去后，将符咒贴于病人床头上。

妖怪知符咒法力巨大，提前变成一只鸟逃跑了。妈祖心道："怪物不能留此为患乡里。"于是去追寻它。到了一棵树下，看到树上有一只小鸟，鸟嘴还喷

出一团黑气。妈祖看出这便是那妖怪，用符水喷洒小鸟，小鸟落地变成一撮枯发，妈祖又用火烧枯发，小鬼才现出原形，叩头请妈祖手下留情。于是妈祖将它收在了台下服役。

寝殿里悬挂的匾额"神昭海表"，是清代雍正皇帝在1726年御笔亲书的。

阅读链接

妈祖金身又称"巡天妈祖"，1997年在巡游台湾100天，巡游了19个县市，驻跸35个宫庙，行程万里，掀起了两岸民间信仰交流的最高潮。

妈祖金身在台湾每巡游一处，当地便万人空巷。人们称湄洲妈祖巡台是"千年走一回"，是"世纪之旅"。

湄洲妈祖庙作为祖庙，每天来朝拜的香客非常多。为了香客们在妈祖金身出巡时也能朝拜，所以在妈祖金身背后，还供奉着一尊镇殿妈祖。

重建后的祖庙如海上龙宫

　　1683年，清朝闽浙总督姚启圣奉旨赴台湾颁布第一道朝廷诏书，但是因为风不顺，他估计无法按时到达台湾，这样就是欺君大罪了啊！烦恼的姚启圣亲自来到妈祖庙祈祷，希望妈祖能够帮助他顺利到达台湾。

■ 湄洲妈祖庙太子殿

■ 姚启圣（1624—1683），字熙之、忧庵。浙江绍兴马山姚家埭人。他是清代康熙年间的杰出政治家，收复台湾的决定性人物之一。他曾担任福建总督，当政期间以执法严明而著称，在收复台湾战役中功勋卓著。姚启圣性情爽朗，也颇关心故乡建设，曾修郡学校及三江闸等。

果然，姚启圣起航之后非常顺利，按时到达了台湾。

姚启圣还朝复命后，为了答谢妈祖，就重修了妈祖庙，并把重修后的朝天阁改名为正殿。

自从姚启圣重建了湄洲妈祖庙以后，便屡建奇功，后来便晋升为太子太保和兵部尚书，人称"太子公"。所以，后来人们又将姚启圣重修的正殿称为"太子殿"。妈祖庙重修完成后，还剩下许多杉木和石料，于是姚启圣又在山门旁盖了一座庙宇，但一时又不知道这庙宇该叫什么名字。

姚启圣想，妈祖贵为天后，虽然手下有"千里眼"和"顺风耳"两将军，但还少个手下总指挥。这座新盖的庙就叫中军庙吧！可是这位中军的像该怎么塑呢？

姚启圣一时想不出，便先回去了，临走时向妈祖祷告道："殿已盖好，少个中军，妈祖有灵，请自选。"

没想到姚启圣回家后不久便病死了。这时中军殿的塑像刚好完成，于是庙主便请姚夫人到殿祭祀。姚夫人来到祖庙烧香祭祀以后，就来到中军殿。她对着塑像，想起当时跟丈夫一起来许愿的事，一下子眼泪止不住地流。在场的随从看到这情景，也流下了眼泪。

忽然，有个人抬起头，看到泥雕像也是满脸泪痕。大家都非常吃

惊。这时，有个随从昏倒了，口里喃喃地说道："我就是姚启圣，因为去年在妈祖面前说过中军殿里无中军，所以被妈祖请来镇殿了。今天见夫人哭得伤心，所以不觉得也流泪了。"原来是姚启圣的魂魄在随从身上附体了。

姚夫人听后"啊"的一声大叫，立即扑向塑像，想要自尽，想跟随夫君而去。塑像赶忙往后退了一步，塑像的脸也变成了红色，而且看上去是满脸愁容。

事隔不久，有人重新塑了中军塑像，当时脸上没有加色，但过了一夜后，塑像的脸就变成红色了，而且也是带点忧愁。

这事传开后，人们推想这个中军就是姚启圣的神像。于是，人们便在殿中右边门前塑了一匹姚启圣生前最喜爱的白马，让他来骑，以便他处理事务。后来，在明末清初时候，靖海侯施琅又增建了梳妆楼、朝天阁和观音殿等建筑。

施琅重建的朝天阁位于正殿后面的山坡上，是一座三层八角形、

朝天宫

宝塔顶的楼阁式建筑，它的建筑结构奇特、严谨，显得十分华美。阁内神龛上供奉着妈祖神像。妈祖神像均为黑面，人们称她为"黑脸妈祖"。

这些黑脸妈祖像，是1683年台湾鹿港天后宫从湄洲祖庙分灵过去的。由于台湾信众非常虔诚，香火不断，时间久了，妈祖的脸就渐渐熏黑了。

梳妆楼位于寝殿的下侧，此楼是两层的单檐回廊式建筑，楼内供奉着妈祖像。这个梳妆楼表示了妈祖将一生奉献给大海的坚定意志。

海上龙宫

湄洲妈祖庙

相传妈祖18岁时，父母开始为她的婚事操心，但是她却矢志不嫁。她只想把自己所有的精力都花在帮助乡亲和拯救海难上。

于是，妈祖便给自己精心设计了一个像船一样的发型，表示已把身心都许给了大海。

妈祖升天后，岛上的乡亲们为了纪念她，凡女孩子出嫁，都会梳这样的发型。

头顶发型呈船帆状，发髻代表船帆，两侧的银卡子代表船桨，中间的红头绳代表缆绳，头顶上的簪子代表锚，这样的发型代表着大家一个共同的愿望，就是家人出海时，一路平安、一帆风顺。

新娘的服装也特别有文化内涵。蓝色上衣表示深深的大海，红黑相间的裤子，红色比为吉祥，黑色喻为思念。当丈夫出海时，妻子在家里这样穿着，表示对丈夫的忠贞、思念和祝福。

据说观音殿的建造是因为在老百姓心里，妈祖的出生是观音菩萨赐予的礼物，而且妈祖的慈悲济世精神，与观音一脉相承，所以清代以前的妈祖庙建筑群中总有观音殿作为主要配殿。

观音殿中奉祀观音菩萨，供广大妈祖信众及求子心切的天下父母顶礼膜拜。

到了1736年，乾隆登基的时候，湄洲妈祖祖庙已颇具规模了，成为一座有99间斋房，号称"海上龙宫"的雄伟建筑群。

湄洲妈祖庙一度遭到破坏，只剩下圣父母祠和中军殿，妈祖庙的文物也销毁和遗失，唯有妈祖神像存留了下来。经过几年努力，湄洲妈祖庙在原址上被稍加改动，建立了起来。

重建的妈祖庙坐东北，面西南，呈轴线分布，有牌坊、长廊、山门、香炉台、圣旨门、广场、钟鼓楼、正殿、寝殿、朝天阁、升天楼等，还有佛殿、观音殿、五帝庙、中军殿以及爱乡亭、龙凤亭、香客山庄和思乡山庄等一系列建筑物，形成规模庞大、雄伟壮观、楼亭交

■ 湄洲岛妈祖庙鼓楼

错，殿阁纵横的祖庙建筑群。

从山门至升天楼、从升天楼至妈祖石像的石级分别是323级和99级，象征着妈祖诞辰日是农历三月二十三和升天日九月初九。

大牌坊是进入妈祖庙建筑群的第一道关口。它是"三开重檐"形式构成，气势不凡，并且由我国书法大师林加国题写庙名"湄洲妈祖祖庙"。

两旁长廊，雕梁画栋，依山逶迤，与大牌坊连成一体，沿轴线递叠而上的建筑群，错落有致，布局精巧。驻足坊前，可以将祖庙的风采一览无余。

仪门也称"圣旨门"。凌空而建、巍峨壮观，正中悬挂"圣旨"竖匾，象征妈祖曾受历代帝王褒封。

在当时，朝廷对妈祖的封赐皆用圣旨传送，这里就是颁发圣旨的地方，所以此门又名"圣旨门"。由于它的威严与神圣，所以当时凡经此门的文官下轿，武官下马。在仪门的主柱上面有两副对联，一副是：

商旅平安闽台和衷共济；
春秋报赛群众朝圣联欢。

还有一副是：

历代褒封崇懿德；寰球利涉赖慈航。

湄洲妈祖庙升天楼

湄洲妈祖庙仪门

　　这两副对联概括了妈祖受历代褒封及商旅群众前来朝圣答谢妈祖的盛况。

　　朝廷的累累封赐，最终确立了妈祖作为唯一海神的至高无上的地位，也使妈祖这一民间信仰的传播日渐扩大，几乎遍及全国。同时，她的名字又伴随着漂洋过海的华侨、海员和外交使节，传遍了天下。

阅读链接

　　在圣旨门的前面是圣旨门广场，宽66米，深66米，暗喻"六六"大顺之意。据说，每次朝廷为妈祖封赏而下达的圣旨，都是在圣旨门宣读的。

　　并且自从宋徽宗皇帝下诏赐妈祖庙"顺济"匾额，封妈祖为"顺济夫人"后，直到清代，朝廷先后36次为妈祖叠奖褒封。封号从"夫人""妃""天妃""天后"直至"天上圣母"，殊荣臻隆，无以复加。其中宋代14次、元代5次、明代2次、清代15次。

南轴线建筑群中的美好夙愿

　　妈祖庙重建完成之后，为了满足广大妈祖信众的朝拜需要，应海内外妈祖信众的要求，后来又设计建筑了湄洲妈祖庙南轴线工程，就是祖庙新殿。

　　祖庙新殿整体建筑群沿轴线对称布局，呈南起向，故又称"南轴

■ 湄洲妈祖庙新殿建筑

■ 湄洲妈祖庙大牌坊

030
非凡的天宫

祭典 也称为祀典。祭祀的礼仪法度。祭典由主祭一人、与祭若干人、司仪、司香、读祝文等各一人主持，还有司钟、司鼓、司乐、司僚等执事，整个祭典庄重、肃穆。在妈祖诞辰和羽化升天之日，湄洲祖庙及各地妈祖庙都要举行隆重的祭典。

线建筑群"。它的整个工程硕大无比，占地5万多平方米，从妈祖石雕像至大戏楼，总长400多米，最宽处100多米，上下落差达60多米。

祖庙新殿建筑群是一座五进庙宇式仿宋的建筑群，主要有大牌坊、宫门、钟鼓楼、顺济殿、天后殿和灵慈殿。其配套建筑有东西廊庑、祈福殿、妈祖文化展览馆、天后广场、观礼台和大戏楼等，气势恢宏，庄严肃穆，举世无双。

大牌坊是进入祖庙新殿的第一通道，为五开三檐建筑，高20多米，宽35米左右，凌空飞檐，磅礴壮丽，为我国少有的雄伟牌坊之一，上面书题"湄洲圣境"4个大字，笔法苍劲有力。

牌坊与天后广场相连，坊前平台为祖庙大型祭典之祭坛。天后广场长120米，宽88米，面积1万平方米，两旁是观礼台各长129米，各有13级磴座，能容万人观看，是祖庙大型祭典和举行盛大活动的场所。

大牌坊之后便是新殿的第一门宫门。早在1409年明朝的时候，天妃庙就升格为宫了，皇帝御书赐额为"弘仁普济天妃之宫"，宫门的门额就是由此摹勒而来的。

在宫门的门厅内祭祀着千里眼和顺风耳两位神将。在我国古代，航海技术还不发达，航海人很难预测海上多变的恶劣气候，出海的时候经常遭遇飓风的袭击。

于是人们就希望有一种神灵，能够在千里之外就可以看见、听见海上的情况，提前告诉人们海上的情况，保佑人们出海平安，因此便有了千里眼和顺风耳这两尊神。

但是据《封神演义》及民间传说，这两位神将原本是殷纣时期的高明和高觉两兄弟，他们自封为金王和柳王。后来他们被姜子牙打败后就化为了妖魔，在湄洲西北方向作祟，后被妈祖收服为帐下二将。

1869年，清代的总理船政大臣沈葆桢题奏，赐封二神将为金将军、柳将军。

对于这两尊神将，还有另外一个传说。传说当时湄

■ 弘仁普济天妃宫

■ 湄洲妈祖庙内的千里眼和凉伞将军

千里眼 顺风耳

是道教中的两位守护神，地位虽然不高，流传却很广泛。这两位小神分别拥有特异功能，千里眼能够看到千里之外的物体，顺风耳则能听到千里之外的声音。他们被道教纳入神仙体系，成为该教的护卫神。他们的塑像一般安置在宫观的大门口，同时又在他们的旁边加了两位武士，合称"四大海神"。

洲屿西北方有两个水怪，一个叫聪，听力好，号称顺风耳。一个叫明，视力好，号称千里眼。他们两个经常出没作祟，村民甚受其苦，祈求妈祖惩治。

于是妈祖混杂在妇女当中上山务农，经过十余日，妈祖与他们相遇了。他们误以为妈祖是普通女子，悄悄地靠近妈祖。妈祖将手中的丝帕一拂，顿时狂风卷地，只见到两妖怪拿着斧子看着妈祖。妈祖说："敢掷下你们手中的斧吗？"

他们听了不以为然地丢下了斧子，但丢下后发现再也拿不起来斧子了，非常吃惊，就逃跑了。

两年后，他们又出来作祟。这次是在水上出现，他们乘风踏浪，翻云覆雨，弄得渔民苦不堪言。

妈祖说："江河湖海都有其自然规律，渔民们顺应自然依靠江河休养生息，你们不可造次。"

于是念起咒语，顿时林木震荡，飞沙走石，他们无处躲闪，于是拜伏在地，表示愿意归顺妈祖，为她效力。妈祖于是将他们收为麾下二将，作为耳目为拯救海难、驱恶扬善效力。

在"千里眼"旁边的是凉伞将军，是妈祖巡游时为妈祖挡风遮雨的守护神。因为妈祖作为海神经常要四处巡游，了解海上的状况。

在海面上免不了风吹雨打太阳晒，爱美之心人皆有之，何况是妈祖这位美丽的女海神呢，于是便有了这个凉伞将军来替妈祖遮风挡雨。

在"顺风耳"旁边，手牵白马的则是马将军，人们又称他为"飞天信使"，他是专为妈祖传递最新消息的神将。

■ 湄洲妈祖庙内的
顺风耳和马将军塑像

敕封 汉代时，凡尊长或官长告诫子孙或僚属，皆称为敕，后来在南北朝以后专指皇帝的诏书。明、清时期，皇帝对文武官员及其先代妻室赠予爵位名号时，有诰命与敕命之分，五品以上授诰命，称诰封，六品以下授敕命，称敕封。

出宫门之后，往上登石磴，就到了东西对峙的钟鼓楼。楼内悬有两吨多重的祈福巨钟及直径将近两米的祈安大鼓。平日里，晨钟暮鼓，昭示风调雨顺、物阜民丰。而每逢盛大节庆，都会钟鼓齐鸣，响声震天，天地同欢，神人共庆。

顺济殿是本宫的前殿。在1123年的宋代，路允迪出使高丽的途中遇到飓风，得到了妈祖的救助，后来宋徽宗得知后赐予了"顺济"庙额，所以顺济殿就摹勒了宋徽宗御书的"顺济"两字为本殿的额名。

在顺济殿内供奉着四海龙王。早在唐代，唐玄宗敕封四海之神，俗传即四海龙王。宋代以后，妈祖被奉为最高海神，四海龙王则作为其配祀的神灵被供奉在这里。

在大殿的中间是"妈祖巡海图"的巨型插屏，屏的背面记载了历代皇帝对妈祖的35次敕封。

■ 湄洲妈祖庙顺济殿插屏《妈祖巡海图》

■ 湄洲妈祖庙敕封天后殿

天后殿是南轴线主要建筑物，高19米，宽50米，进深30米，面积986平方米，可供千人同时朝拜，规模雄伟，气势磅礴。

天后殿题额道"敕封天后宫"，这个是清代康熙晋封妈祖为"天后"之后统一的名称。殿内主祀敕封天后的金身，陪祀顺懿夫人，即陈靖姑，又称临水夫人，还有惠烈夫人，就是钱四娘。

另在两边配祀的是8位有功于国家与民族，且对弘扬妈祖精神有独特建树的历史人物，有路允迪、郑和、姚启圣和施琅等。

据清代学者赵翼著的《陔余丛考》，道：

倘遇风浪危急，呼妈祖则神披发而来，其效立应，若呼天妃，则神必冠帔而至。

赵翼（1727—1814），清代文学家、史学家。字云崧，一字耘崧，号瓯北，又号裘萼，晚号三半老人，今江苏省常州市人。他的史学著作有《二十二史札记》《陔余丛考》《檐曝杂记》和《皇朝武功纪盛》等。他还善吟诗，驰骋诗坛近70年，与袁枚、蒋士铨并称"江左三大家"。

所以，后来人们看到的有些地方妈祖神像则是红衣披发的便装模样。

灵慈殿是本宫之后殿，额名"灵慈"。这个额名是在元代由元文宗所赐，后来用以彰显妈祖慈悲济世的高尚品格。在灵慈殿内主祀的是便装湄洲妈祖。

妈祖新庙主建筑非常的壮丽华美，其配套建筑祈福殿、妈祖文化展览馆、天后广场、观礼台和大戏楼等也蕴含着深厚的妈祖文化。

祈福殿内供奉着1000多尊祈福妈祖，尊尊显圣，像前有999盏祈福神灯，长明不熄，寓意是妈祖于"九月九"在湄洲升天，多了一个"九"是象征妈祖仙逝之后，精魂不泯，圣光永放。

妈祖文化展览馆全馆分"两岸妈祖情缘"和"妈祖信仰"两大部分。"两岸妈祖情缘"主要记录了以台湾同胞为主体的海内外妈祖信众掀起的全球性的

■ 湄洲妈祖庙灵慈殿

"妈祖热"，充分展示了作为中华民族"真善美"象征的妈祖凝聚力和亲和力。

"妈祖信仰"通过对妈祖史迹、妈祖文物及民俗风情等的介绍，揭示了妈祖信仰的源流及文化内涵。

妈祖文化园占地几十万平方米，大海环抱，怪石嶙峋，满目青山，胜景迭出，它具有浓重的妈祖文化内涵，主要由妈祖石雕像，妈祖故事群雕和妈祖碑林等组成。

石雕巨像是为纪念妈祖羽化升天而建的，当时另建了一尊模样完全相同的石雕石像屹立在台湾北港朝天宫，两岸妈祖石雕像头顶冕旒，身披霞帔，端庄慈祥，遥遥相望，共同维护台湾海峡的和平与安宁。

这里的石雕石像高近15米，象征着妈祖诞生的湄洲岛，共由365块花岗石雕成，寓意妈祖一年365天都在保佑人们平安吉祥。

妈祖故事群雕是根据妈祖的故事，用优质的石料精雕而成的，共有30组216尊。造型生动活泼，人物栩栩如生。

其中有妈祖生前涉波履险，扶危困济的故事，和仙后精魂不泯，神佑人间的显灵事迹。一组组群雕，

冕旒 我国古代帝王戴的冕冠，其顶端有一块长形冕板，叫"延"。延通常是前圆后方，用以象征天圆地方。延的前后檐，垂有若干串珠玉，以彩线穿组。冕旒的多少和质料的差异，是区分贵贱尊卑的标志。

■ 湄洲妈祖文化园

透视着厚重的文化底蕴。

　　寝殿左侧山崖上有"观澜"2字石刻，是明代秦邦锜的摩岩题刻，在"观澜"字右下角他的"丁巳仲春登湄洲山谒天妃圣宫"，笔力苍健，气势恢宏，虽经几百年的风雨剥蚀，但仍清晰如初。

　　驻足石上，可观波澜起伏，浪涛拍岸，而那阵阵铿锵的"湄屿潮音"，宛如悠扬酣畅的历史回声，令人发古幽思，回味无穷。

　　妈祖碑林坐落于妈祖文化园的东边山坡上，占地2.4万多平方米。妈祖碑林是由碑坊、碑廊、碑亭和碑石四大部分组成，依山傍海，秀甲一方。

　　其主体部分碑石有主碑一通，碑高3米多，长9.9米，寓意妈祖诞辰及升天日，两边为龙柱，顶部也横卧两条飞龙，以体现碑林的非凡气魄。碑文是清代庄

书法 文中特指中国书法。中国书法是一门古老的汉字的书写艺术，是一种很独特的视觉艺术。书法是我国特有的艺术，从甲骨文开始，便形成有书法艺术，所以书法也代表了我国文化博大精深和民族文化的永恒魅力。

俊元的五言绝句：

　　　　宋代坤灵播，湄洲圣迹彰。
　　　　至今沧海上，无处不馨香。

　　这首诗是对于妈祖文化始于宋代，源于湄洲，并从湄洲走向世界最生动、最精辟的概括。

　　辅碑有99通，造型各异，分传统、天然和艺术创意三类，碑文除帝王御书外，大多出自历代文人墨客歌颂妈祖丰功峻德之诗词或联句。

　　这些碑文涵盖了真、草、隶、魏和篆等字体，气势如虹、超凡入圣，其艺术造诣和文化品位，堪称华夏碑林一绝，是妈祖文化与书法艺术的珠联璧合。

　　妈祖碑林为享誉五洲四海的湄洲妈祖祖庙增添了一道亮丽的文化风景，自然与人文相得益彰，构成和谐美妙、具有浓厚妈祖文化色彩的独特园林景观，是

华夏 也称"夏""诸夏"。是古代居住于中原地区的原住民的自称，以区别东夷，南蛮，西戎，北狄四夷。华与夏曾相互通用，两字同义反复，华即是夏。在甲骨文中，夏这个字的地位非常崇高。大约从春秋时代起，我国古籍上开始将"华"与"夏"连用，合称"华夏"。

■ 妈祖故里

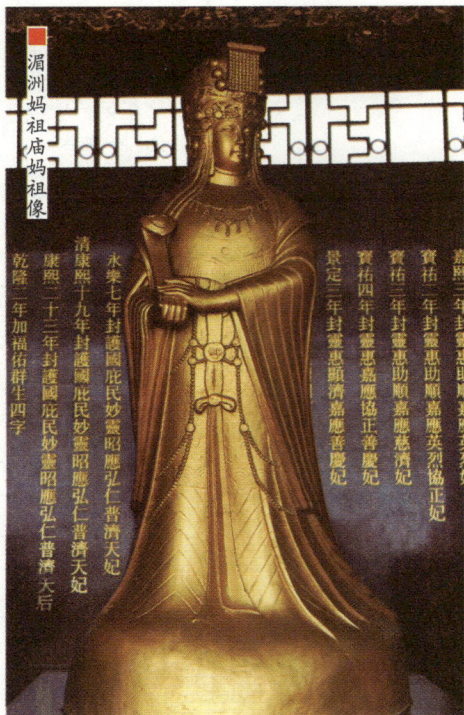

湄洲妈祖庙妈祖像

乾隆二年加福佑群生四字
康熙二十三年封護國庇民妙靈昭應弘仁普濟天后
清康熙十九年封護國庇民妙靈昭應弘仁普濟天妃
永樂七年封護國庇民妙靈昭應弘仁普濟天妃
景定三年封靈惠顯濟嘉應善慶妃
寶祐四年封靈惠嘉應協正善慶妃
寶祐三年封靈惠助順嘉應慈濟妃
嘉熙年封靈惠助順嘉應英烈協正妃
嘉熙二年封靈惠助順嘉應慈濟妃

颂扬妈祖精神的一座伟大的历史丰碑。祖庙新殿整体金碧辉煌、宏伟壮观，被誉为"海上布达拉宫"。

驻足广场，仰望凌空的牌楼、巍峨的殿阁，飞檐流丹，美轮美奂，给人一种人间天庭的气势。

妈祖生前扶危助困，济世救人，深受人们爱戴。升天后又流传许多传说，经过不断地演绎发展，终于形成了反映人类追求"真、善、美"的妈祖信仰。

妈祖虽然原本只是一个平凡的女性，但正是她以有血有肉的身躯，诠释了为人处世的尽善尽美。尽管她的生命那样短促，又悄然隐逝，可她那充满爱心的纯真之魂，却化作亘古不灭的璀璨灵光，逾越泱泱海波，遍照迢迢异国，五洲同惠，四海共泽。

阅读链接

在天后殿前是著名的"妈祖印"。"妈祖印"是清代御赐的宝玺，上面写着"湄洲祖庙天上圣母，护国庇民灵宝符笈"，是祖庙的"镇庙"之宝。妈祖博爱，不囿疆域，不分族群，不限政见。

为了展示这一珍贵文物的神圣和大气，把其摹勒于天后殿前的天然石头上，比原物放大350多倍。它以其内涵的至高无上和外观的硕大无比而称之"天下第一印"。

饱含特色的妈祖祭祀文化

妈祖的祭祀活动有着独特的方式与内容，但对于每个供奉妈祖的妈祖庙来说，它们的祭祀方式和信仰活动都大致相同。

在每年农历三月二十三妈祖诞辰的时候，便会在祖庙举行纪念活动。妈祖诞辰的庆典活动非常隆重，从三月初五开始到二十三结束，它的规模甚至超过了春节。

从三月二十二的晚间开始，虔诚的信徒便会聚集到妈祖山上等待

■ 湄洲妈祖庙景观

簪　由笄发展而来的，是我国古人用来绾定发髻或冠的长针。其可用金属，骨头，玉石等制成，多加以珠宝装饰。后来专指妇女绾髻的首饰。

■ 湄洲妈祖文化展览馆

午夜吉时的到来。在三月二十二的晚上，湄洲祖庙还有一个独特的风俗，那就是为妈祖梳妆。祖庙董事会的老阿婆们会在当晚聚集在梳妆楼，为妈祖梳妆。

梳妆楼里所供奉的是不戴冕旒的妈祖神像，阿婆们要为她梳妆打扮。明天是妈祖生日，老阿婆的心情比女儿出嫁还要激动万分，喜盈盈地忙着为妈祖梳妆，给她戴簪和插钗，擦拭脸上的香灰，还会给妈祖换上一身新袍。

午夜吉时到来后，会先鸣放铳炮，然后开始做醮，奏鼓吹八乐并且演戏。这时，围在寝殿香炉前的人们会争先恐后地把手中的清香插进香炉，都希望能抢到头香，获得妈祖更多的庇佑。

在寝殿内，在如同白昼一般的灯光照射下，端坐的妈祖更显慈祥亲切。长长的供桌上摆满了信众奉献的各式各样供品。供品的种类繁多，但大致可分为五

■ 湄洲妈祖庙朝天阁牌匾"佑济昭灵"

牲、五汤和什锦。

五牲就是指全猪、全羊、鸡、鹅和海味。五汤，就是用桂元干、芡实、莲子、红枣和柿饼五种果实做成的面汤点。而什锦，则是用染了颜色的白豆排出10种花样或文字，分别放在10个小碗内。属于干品。除此以外，还有烧金和表礼等。

当夜，祖庙内是一个不眠之夜，前来跪拜的信众非常多。爆竹声不断，十音八乐此起彼伏，舞龙舞狮翻飞腾跃，非常热闹。而戏台上正演出曲调高亢的莆仙戏，好戏连台直演到天亮。

在妈祖诞辰当天的上午，还会在祖庙举行祖庙祭典，气势磅礴、恢宏壮观。这也是妈祖诞辰祭祀活动的最高潮。

妈祖是海神，大海是妈祖重点管辖和显灵的地方，所以，人们除了庙祭之外，还会举行海祭。海祭

跪拜 跪而磕头。在我国的旧习惯中，作为臣服、崇拜或高度恭敬的表示。古人席地而坐，"坐"在地席上俯身行礼，自然而然，从平民到士大夫皆是如此，并无卑贱之意。只是到了后世由于桌椅的出现，长者坐于椅子上，拜者跪、坐于地上，"跪拜"才变成了不平等的概念。

■ 湄洲妈祖庙祈福殿

主要是渔民的节日，是在三月二十三妈祖诞辰这一天举行。海祭的礼仪和庙祭一样隆重，只是把供桌、供品摆到海边沙滩上而已。

海祭时，信众们会面朝大海，向海神妈祖跪拜，祈求海上出行平安，海上捕捞丰足。海祭因地域不同而名称也不同，在浙江象山称为开渔节，在广东则称为辞沙，在台湾澎湖则称为海上巡安。

与海祭关联的习俗是水族朝圣与渔民的禁捕。相传，在三月二十三妈祖诞辰的这一天，海龙王也率所有的水族来到湄洲湾海域，向湄洲妈祖朝拜。

每当这时候，人们常能望见水族齐聚，追波逐浪，竞相腾跃，煞是壮观。因此，渔民们相约，妈祖诞辰前后几天海上禁捕，好让鱼虾同人类一样庆祝妈祖诞辰。此俗由来已久，并且从未破例。

除了妈祖诞辰，农历九月初九的妈祖升天日祭祀活动也非常盛大。但因为是忌日，纪念活动的特点是戒荤，供品不备五牲，一律用素食，祖庙内部住持祭祀的道士也必须进行三斋六戒。

像妈祖诞辰和妈祖升天日所做的醮都属于清醮，就是常年纪念活动。除此以外，还有大醮，大醮就是大庆典的纪念活动，湄洲祖庙在祖庙落成、开光或者千年祭的时候会举行大醮。

举行大醮时，祖庙内会演奏五锣鼓，放铳炮，演木偶戏，奏八乐鼓吹，并且演莆仙戏。

演戏时规定必须要先跳加官和演八仙，还要进行状元游街，这以后才能正式开始演节目。在祖庙内有经师、和尚各9人做道场法事，经师、和尚一般都配有自己的吹鼓手演奏。

大醮整个庆典活动规模很大，形式非常隆重。除此以外还有出游，出游是湄洲全境祈求妈祖平安的一种活动仪式。目的是请妈祖巡游全境，扫荡妖魔，庇护黎民平安顺利。

这种出游，不一定每年都举行，出游的日子也不是固定的。在出游前，人们会在妈祖神像前问卜祈安，就是通过占

木偶戏 民间戏剧表演中的一种特别类型，多由艺人操纵木偶伴随宗教仪式进行表演。我国很多民族都有在祭祀仪式中制偶做戏的习惯，通过木偶戏的象征性表演，达到仪式所要实现的目的，以满足人们的心愿。我国木偶戏历史悠久，三国时已有偶人可进行杂技表演，隋代则开始用偶人表演故事。

海上龙宫

湄洲妈祖庙

■ 湄洲妈祖庙香火

卜询问妈祖是在祖庙举行祈安法事，还是出游。

若是"卜杯"，也就是占卜，妈祖表示同意，就在祖庙做祈安法事、演戏等。如"卜杯"不同意，便决定出游。此时，全乡耆老集中祖庙决定出游的主持人，再"卜杯"确定出游的月份，然后再择日推算出游具体日期。

出游的那一天，湄洲全境15个宫的妈祖同祖庙的妈祖全部抬出去巡游并规定到下山宫驻驾一天。诸宫妈祖东西两行排列，妈祖则排在东边首席。出游后，再"卜杯"决定妈祖回驾祖庙的时辰。

妈祖圣驾回銮，要先是五驾和中军，继为妈祖，后为各宫妈祖相随。下山宫的妈祖排在最后，因为它是妈祖驻驾时的宫庙主人。

分神，则是指外地妈祖执事人员到湄洲祖庙请香仪式，故称"分神"或叫"分灵"。

■ 湄洲妈祖庙建筑

■ 湄洲妈祖庙功德榜

通常是外地妈祖庙有庆贺活动或节日时，虔诚的信徒便不论远近，专程来到湄洲祖庙，敬请妈祖驾临该地妈祖宫观赏和赐福。

事后，香火会留在这个地方不再送回。以后如有活动，还会再次进行进香。所以，分神一事，在湄洲祖庙多则一日数十起，尤其是每年三月二十三妈祖生日请香的人非常多。

此外，关于妈祖的祭祀活动还有妈祖元宵和农历八月十五的庆贺中军生日。元宵节祭祀妈祖时，家家户户都会备好"水族朝圣"供品，或真或仿，摆成"宴桌"。

妈祖元宵日是在元月初十。这个节日主要是人们敬请妈祖庆赏元宵。由于湄洲除祖庙外，在福建全境还有15座妈祖宫奉祀妈祖，所以庆赏元宵的活动，是从元月初八始至十八止。

进香 民间信仰的一种仪式，分灵的神像每逢一段时间，就需要回到原庙宇参加祭典，以增添神祇的法力，号称进香，又作谒祖。这是因为，分灵的神像通常是原本神明的部将，进香可使其汲取原本神灵的法力，也可向祖庙神祇述职，禀告情况。另外，信徒往往会安排自己所信奉的神像，环游各地，在名庙古刹接受祭祀，亦称进香。

神龛 放置道教神仙的塑像和祖宗灵牌的小阁子。神龛大小规格不一，依祠庙厅堂宽狭和神的多少而定。神像龛与祖宗龛型制有别：神像龛为开放式，有垂帘，无龛门；祖宗龛无垂帘，有龛门。

各妈祖庙的妈祖神像先后抬来祖庙上香。各妈祖宫随从的仪仗队有大旗、大灯和大鼓，还有放铳炮。由各宫福首主持进香，祖庙请道士做醮。

供品由平时祈求、许愿的信徒提供答谢祭祀，还演奏鼓吹八乐等。

按惯例，元宵活动先由山尾宫抬妈祖神像到祖庙庆元宵，然后出巡庆贺元宵。有"摆棕轿""耍刀轿"等，场面壮观和热闹非凡的文娱表演以及妈祖出宫、回宫活动。

关于中军生日，因为中军是妈祖属下，所以庆贺只在中军殿内举行。

关于在祭祀过程中的供品，也有很多种类。在民间供奉妈祖的主要群体是渔民和船工，所以在妈祖的祭祀活动中，大多都用海产品供奉妈祖，这成为了渔民的一大特色。

■ 妈祖庙天后宫香火

■ 天上圣母妈祖像

他们用一些罕见的大蛤壳、海螺壳、大龙虾壳等作为供品献上。有时，在大小节日庆典，渔民们还用面粉蒸制各种象征水族或其他神兽的供品。

除了这些，在许多宫庙中还藏着为数众多的船模，这是船工们奉献给妈祖的供品。代表着渔民们祈求妈祖保佑出航平安，有时也是征询妈祖神灵的意愿，然后动工造船。妈祖的供品中，往往还有形式多样的绣花鞋，名为"妈祖鞋"，表示向妈祖求子。

在妈祖庙中，除了供品外，神龛、供桌、烛台、香炉、钟磬、鼓号和其他祭器，也都具有深厚的妈祖信仰文化。

关于祭器，如盘龙烛台，果盒、馔盒等也都是漆金木刻的珍品。莆田地区的漆金木刻工艺，普遍用于这一带妈祖庙的神龛。供桌的制作，不仅雕工精细，

祭器 祭祀时所陈设的各种器具。在周朝的时候祭祀有六器，就是璧、琮、珪、璋、琥和璜。人们凭借这些专门的法器和道具，再通过一定的仪式与上天沟通。同时，也借助祭器营造庄严肃穆的气氛。青铜器就是最重要的法器和道具之一。

湄洲妈祖庙妈祖像

构思奇巧，且金光闪烁，令人世间炫目。在这些宫庙中，妈祖神像的装饰也极为华丽，有精镂细雕的银冠、铜冠，绚丽多彩的龙袍、霞帔、珠靴及朝珠、玉圭等。

关于仪仗，在妈祖信仰的民俗文物中，数量最多而且品种最丰富的就是妈祖出游时所用的全套仪仗器物。

其中有刺绣人物、花卉和龙虎图案的清道旗，龙头杖、"天上圣母"衔牌，还有"肃静""回避"牌等。此外，还有大小灯笼、火铳及其他器物。

每当妈祖出巡或谒祖进香，所有这些仪仗器物会由打扮成侍神、中军、文曹、武判或随人等人物，按一定顺序相间排列，前呼后拥地随妈祖出巡。因此每次妈祖出巡，也都是妈祖民俗文物的大展示。

阅读链接

在天后诞辰的时候，水族会集结到海边，传说是为了感谢妈祖。东海历来水怪众多，时常兴风作浪，破船沉舟，过往渔民商旅，深受其害。

妈祖自16岁起就经常飞巡于海上，游于礁屿之间，降妖伏魔，除掉了不少水怪。一日，妈祖与当地官员巡行海上，命驻舟中流，只见四海龙王率领水族骈集，毕恭毕敬，向妈祖请罪问安。

妈祖赦免了它们的罪，嘱咐它们以后要庇护渔商百姓，不得兴风作浪。四海龙王率水族齐齐谢恩，然后退潮。后来每当妈祖诞辰的时候，龙王都会率领水族来为妈祖庆生。

平海天后宫

　　平海天后宫俗称"娘妈宫"，位于福建莆田平海镇海滨路，背靠朝阳山，面临平海湾，庙门与湄洲妈祖庙隔岸相望，形成了平海天后宫最具特色的景观。

　　平海天后宫始建于999年的北宋，因宫内由108根木柱组成，故又称"百柱宫"。

　　平海天后宫被称为全世界最古老、保存最完整的宋代宫殿式原构妈祖行宫，也是世界第一座妈祖分灵宫庙，影响十分深远。

富含神秘色彩的行宫建筑

平海天后宫位于莆田平海镇的东南方，原名"通灵神女庙"，俗称"娘妈宫"，创建于公元999年的北宋，是湄洲妈祖庙分灵的第一座行宫。后来，经过多次重修改名为"天后宫"。

平海天后宫整体背靠朝阳山，面临平海湾，与湄洲妈祖庙隔岸相望，风景迷人，形成了一个极具特色的景观。

平海天后宫建筑总体设计严谨，独具特色。宫庙的造型飞檐翘角，雕梁画栋，鎏金烫彩，典雅古朴，保持了宋代建筑风格，是世界上保存最完整的千年古建筑之一。

平海天后宫宫殿为抬梁穿斗结构建筑，进深各五间，其

平海天后宫飞檐

■ 天后宫内景

正殿、两庑、大门等全部使用木柱。大门外檐下仍沿用原宋代的梭形石柱数根，其屋盖为后单檐硬山顶卷棚出檐与前单檐歇山顶的混合体，造法特殊。

其中，中座宫庙分三殿和两厢，并由一条回廊将其串连起来，形成了一个"工字型"布局，构造十分独特。平海天后宫还有一个特色之处在于当年匠师们寓意深刻的建筑设计，整个天后宫有三处不离"108"这一数字的。

首先是大殿的大屋顶和廊庑由108根木柱承托。因此，又被称做"百柱宫"。而宫内檐下四周又用108块青石砌成，组成内院埕。再有宫前古水井，也就是师泉也是用108块青石砌筑而成，组成较为少见的方形井。

108是我国传统文化中的吉祥数字，是易学中的一个"大周天数"，意味着阴历与阳历三个"小周

歇山顶 即歇山式屋顶，宋朝称九脊殿、曹殿或厦两头造，清朝改称歇山顶，又名九脊顶。其为我国古建筑屋顶样式之一，有严格的等级限制。歇山顶屋脊上有各种脊兽装饰，其中正脊上有吻兽或望兽，垂脊上有垂兽，戗脊上有戗兽和仙人走兽，其数量和用法也都是有严格等级限制。

■ 天后宫内景

非凡的天宫

天"后的又一次契合，象征着圆满；"108"又是佛教中的吉祥数字，如佛珠通常是由108颗组成。"108"在天后宫以良好的寓意、有趣的方式再三地被使用，形成一大特色。

进入平海天后宫的大门，走过长廊，便可以到达正殿。殿内的神龛上供奉着五尊妈祖，中间的最大，左右依次渐小。她们虽然神态各异，但都慈眉善目，十分亲切。

大殿左右两旁供奉五帝爷、水天王、临水夫人、慈济真君。前上方依次挂着"神昭海表"横匾，和一块独特的"皇帝万岁万万岁"直匾。

据说，此殿供奉五尊妈祖神像与朱元璋有关。

相传明初朱元璋为平南方叛乱曾率军从水路来到南日水寨。舟行古南啸时，忽然遇到了飓风。狂风大浪不停地袭击着漕船，船体摇晃不定，无法行进。朱元璋下令连续抛了5个锚，想要稳住船身，可是怎么也稳不住，船只被大风催逼着左摇右摆，情况十分危急。

这时，随行的官员想到，听说平海的百姓一直供奉的妈祖十分灵验，于是劝朱元璋向妈祖祈祷。朱元璋听后举目向天，伸出双手呼求妈祖。

突然，一阵红光显现。只见妈祖飞身而来，瞬间化为5位红衣少女，分别按住5个锚，稳住了大船，并指示船队开往平海港避风。

于是人们奋力划向平海港，一路上船队好几次都要发生危险，但5个红衣少女都使他们化险为夷了。上岸后，5个红衣少女就不见了。

由此朱元璋感动于狂风恶浪后平静的海湾，认为此处应该叫"平海"，遂将原来的南啸改名为平海。也因五位红衣少女神奇的遁去后在战船上留下了五朵金花，故而，为感念于此，平海的天后宫里供奉着独一无二的五尊妈祖神像。

朱元璋非常感激妈祖的保佑，还赐了"皇帝万岁万万岁"的匾额，此后，匾额便一直保存在平海天后宫的正殿之内。

阅读链接

平海天后宫是世界第一座妈祖分灵的行宫，备受人们尊崇。2011年，平海天后宫与我国台湾台南大天后宫缔结成了"姐妹宫"，缔结庆典活动在平海天后宫举行。

此次活动是平海天后宫与台南大天后宫为了加强海峡两岸之间妈祖文化的联谊和交流，进一步促进妈祖文化的弘扬和传播而举行的。

这是平海天后宫举办的规模最大的庆典活动之一，有力地推动了海峡两岸妈祖文化的传播与交流，成为增强妈祖文化连接两岸同胞的情感纽带。

妈祖助战施琅的动人传说

天后娘娘塑像

到了清代，平海天后宫妈祖显灵的传说也从未断绝。在平海天后宫的大院内有一口古井。这口井就是著名的师泉井。井口呈四方形，由四块大石砌成，井壁用条形石块砌就，共108块。

在海边挖井，经海水浸润，井水一般较苦涩。但师泉井却不是这样。师泉井虽不深，水却澄澈甘甜。并且，关于师泉井还有一个极具历史特色的传说呢！

在1682年，清军水师提督

施琅奉旨率3万水军驻扎在平海，准备乘风东渡台湾，收复台湾。他们来到平海后，正好遇到干旱，施琅找了很多地方，都没有找到合适的水源，3万大军的饮水成了一件非常紧急的问题。

施琅望着士兵们口渴唇裂，萎靡不振的样子，感到心急如焚。他深知，如果不尽快解决水源的问题，那么，收复台湾的整个作战计划就会全部失败！

为此，施琅走访了当地许多乡绅和百姓，可是没有一个人能为他指点迷津。一天，施琅为了排遣心中的郁闷，来到了海边，站在一块巨大的礁石上，举目远眺烟波迷茫的台湾岛，海峡两岸的涛声带着他的心事飘向茫茫大海。

半夜，施琅回到了宿营地，躺在床上辗转反侧，难以入眠。到了天快亮的时候，施琅迷迷糊糊地睡着了，做了一个梦。

在梦中，妈祖娘娘从天后宫的神龛上走下，微笑着对他说："施将军何必如此长吁短叹，水不就在宫门口吗！"

妈祖娘娘说完，便飘然而去。施琅猛然惊醒，茅塞顿开。第二天，施琅便带领士兵来到平海天后宫，果然在宫门口找到一个已经被填了的古井。

施琅下令开始挖井。用两天时间，只挖了6米多深，奇迹便出现了，泉水汩汩地从井底涌出。施琅俯

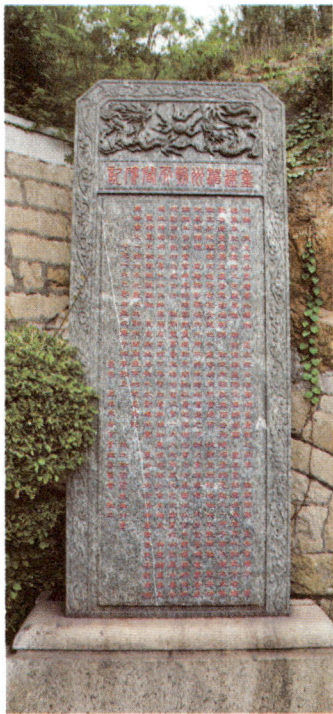

■ 妈祖庙石碑

提督 武职官名，全称为提督军务总兵官。负责统辖一省陆路或水路官兵。提督通常为清朝各省绿营最高主管官，称得上封疆大吏。若以职能分，提督分为陆路提督与水师提督。清朝共在我国各地设置12名陆路提督，3名水师提督。

身捧着喝了一口，泉水清冽甘醇，非常清爽。为了感念妈祖"赐泉济师"，施琅欣然命笔，写下了"师泉"两个遒劲有力的大字，还命人刻下他的《师泉井记》的碑文。

相传，井边的那个状如龟头的石头，干旱时，只要你在龟头上连磕三下，那么便会泉涌如潮，永不干涸。在平海天后宫宫门的左右各立一通大石碑，左边便是《师泉井记》，而右边的《平海天后庙重修碑记》是与施琅将军有关的另外一个传说。

在1683年，施琅将军奉命第二次东渡澎湖，收复台湾。当施琅率领舟师经过澎湖列岛的时候，却遇到海盗窃踞要津，使大军难以东渡。要收复台湾，首先就要收回澎湖。澎湖既是赴台的跳板，又是征服台湾的序幕。施琅对此早有所准备，他整顿东征大军，严阵以待。

施琅命令用大炮攻击，敌人也用大炮还击。一连打了三天三夜，船上的粮草和淡水快用完了，施琅心里十分焦急，但想到他们是正义之师，于是斩钉截铁地说："正义之师，奉旨征台，合乎天意，顺乎民心，不把海盗聚歼，决不收兵！"

这时，施琅将军回想起去年，得到妈祖帮助寻到水源的事情，更加相信妈祖一定会再次保佑东征雄师。于是，施琅站在指挥船上，拈香朝拜："祈求天妃显灵，保佑王师克敌制胜。事成之后，自当厚谢！"

于是，将士们也在战舰上朝拜妈祖。一时间，3万舟师军心振奋，纷纷请求将军下令："严惩

平海天后宫石兽

■ 妈祖庙建筑

为非作歹的海盗，敢冒炮火，视死如归！"

又打了三天三夜后，施琅和众将士都已经筋疲力尽了。在这千钧一发之际，施琅将军再度请求天妃显圣，并下令三军将士奋勇杀敌，有进无退。

传说，这时，将士们好像看见天妃从天而降，还有红面、绿面的将军冲杀在前，势不可挡。说也奇怪，从这时起，虽然海上烟雾弥漫，但战舰一路顺利，威风凛凛地开进了澎湖列岛，并肃清了岛上的敌人。占据台湾的郑克塽惊闻澎湖失守后，只好投降。

还有传说，在未攻克澎湖之前，署左营千总刘春，夜梦天妃告之道："二十二日必得澎湖，七月可得台湾。"

果然施琅率领的大军于二十二日攻克了澎湖。又有传说，在清军攻克澎湖那一天，莆田平海乡人去朝拜妈祖，看见妈祖身上的衣袍都被水湿透了，而她的

千总 我国古代官名。明代驻守京师的京营兵分为三大营，设千总、把总等领兵官，皆以功臣担任。后来职权渐渐变轻，到了清代，属于武职中的下级，为正六品武官，地位次于守备。

左右两位神将，绿面的千里眼和红面的万里耳涂油漆的双手都起了"泡"。

乡人们都说奇怪，等到出海渔民回来报告施琅将军攻打澎湖得到天妃帮助，人们才知道原来妈祖是率领部将去帮助施琅了。班师回朝后，施琅将军奏请朝廷，说："澎湖神助得捷。"

康熙皇帝非常高兴，加封妈祖为"护国庇民昭灵显应仁慈天后"，特旨重修扩建平海天后宫，立下了《平海天后庙重修碑记》。并且，康熙皇帝还派遣礼部郎中雅虎等人，怀抱着御香、御帛到平海天后宫分灵的祖庙湄洲妈祖庙褒嘉致祭。

到了1750年的清代，太子少保兵部尚书总督闽浙地方等处军务兼理粮饷都察院右都御史署理闽巡抚何口重修中殿和后殿。在1880年的清代重建中殿。

施琅将军雕像

阅读链接

在1682年，施琅第一次率兵渡海攻打台澎，因缺风船行很慢，施琅下令返回了平海。但是回到平海后不久，海上就起了大风，战舰上小艇被风刮下海，不知去向。

第二天风停后，施琅命令出海寻找小艇。找到小艇的时候发现，它们都安然地停在湄洲湾中。据小艇上被困的人说，在昨夜里波浪中，好像看到船头上有一个红衣女子，稳住了小艇，尽管多次差点发生危险，但每次都化险为夷了。

施琅认定是妈祖再次帮助显灵了，非常感动，命令整修了平海天后宫，重塑妈祖神像，并捐重金建了梳妆楼和朝天阁，并请回妈祖神像一尊奉祀在船上。

泉州天后宫

　　泉州天后宫位于泉州南门天后路，地处城南晋江之滨，这里被称为"蕃舶客航聚集之地"，是多种文化的交汇点。

　　泉州天后宫始建于1196年的宋代，是我国东南沿海现存最早、规模最大的一座妈祖庙，有温陵天后祖庙之称。

　　泉州天后宫被认为是海内外建筑规格最高、规模最大的祭祀妈祖的庙宇，我国台湾和东南亚许多妈祖庙都从泉州天后宫分灵建庙，可见影响巨大。

妈祖显梦建造泉州妈祖庙

相传在1196年的一天夜里，泉州海潮庵所有的僧人做了同一个梦，梦到有一个女神显现，自称是妈祖，让他们为她建造宫殿，好使她可以住在其中，保佑泉州的水运。

泉州天后宫大门

僧人们醒后非常惊讶，认为是妈祖显灵，就推举了一个德高望重名叫徐世昌的僧人去负责建造妈祖庙。于是徐世昌便向百姓募捐，然后用这些募捐得来的钱修建了一座妈祖庙。

当时修建的妈祖庙规模已经很大了，是由山门、三殿、两廊和两亭组成。原山门名叫马戏台，后来被拆毁了，存留下来的山门是后来重建的。

■ 天后宫

　　重建的山门是雕花漆绘木构斗拱，竖有青石龙柱，两侧有麒麟石雕，螭虎窗户。山门的屋顶重檐是四坡面，屋脊反翘着，上面还有龙的瓷雕。山门屋檐的角脊上是做成凤尾状的装饰，线条柔和优美，整体上面结构华丽壮观。

　　戏台连接于山门的后檐，坐南朝北，有木构的藻井顶盖，雕脊画枋，小巧玲珑，具有泉州独特的艺术风格。

　　紧接山门两侧为东西厥建筑，显示了天后宫的尊贵地位。东西厥建筑为二层楼阁，两楼高耸，楼上分别放置着钟和鼓，楼下分别安放着千里眼和顺风耳两个神像，威武庄严。

　　同样建于宋代的正殿虽历经沧桑，但它的木构建

螭虎　战国之后玉器和建筑中常见的一种异兽，战国晚期玉器上就有螭虎纹饰。汉以后，螭虎使用得更为广泛。螭虎在中华民族的古老文化中代表神武、力量、权势和王者风范。

非凡的天宫

■ 泉州天后宫山门

雀替 我国建筑中的特殊名称，安置于梁或阑额与柱交接处承托梁枋的木构件，可以缩短梁枋的净跨距离。也用在柱间的落挂下，或为纯装饰性构件。在一定程度上，增加梁头抗剪能力或减少梁枋间的跨距。宋代称"角替"，清代称为"雀替"，又称为"插角"或"托木"。

筑依然保存完好。正殿占地面积600多平方米，建筑在一个须弥座上，高出地面1米，这个须弥座是采用花岗岩石修葺的。

在须弥座的束腰处浮雕着"鲤鱼化龙"、雄狮、文房四宝、仙家法器、鹤舞云中和宝盖莲花等图案，雕刻的刀法熟练，图案生动活泼，突出表现了天后的神职至高无上的尊贵。

在正殿的内部是木梁骨架，还有圆形花岗岩的石柱立在其中，柱头浮雕着仰莲纹。殿内的建筑结构非常特别，空间变化很丰富。

在殿内的门窗上还有弯枋雀替，雀替上有精致细密的雕花，纹饰丰富多彩，既有几何图案，又有花卉水族和鸟兽人物。殿内还画有如意、西番莲及喜鹊登梅等图案，都具有吉祥的象征。还有的图案则是异兽，寓意"益寿"。

殿内的浮雕更是琳琅满目。有八骏、八宝、傅古鸟龙和各种花卉，表现着水族鱼龙腾空翻浪与百花争妍。这些浮雕都是表现道教主题的图案，以福禄寿吉祥物作衬托，呈现出了仙家的非凡境界。

正殿的殿顶则是九脊重檐，属于四面落水的歇山式。正脊是整个天后殿的制高点，两端是用五彩瓷塑成的双龙戏珠，造型精美，光泽鲜艳。

在四岔脊头上则是组合的凤凰图案，这凤凰图是对应大脊的龙，形成了龙凤呈祥的场面。这些都是吉祥如意和庆贺长寿的象征。

正殿殿名是以1123年宋徽宗为湄洲妈祖庙赐额"顺济"为名，称它为顺济宫。"顺济"也就是顺风以济的意思。

在宋代，泉州地方长官和市舶司的官员每年都会在春秋两季来到顺济宫，举行"祈风"和"祭海"仪式，目的是祈求风浪平静，航海安全，也是鼓励人们

道教 我国土生土长的宗教，起源于上古鬼神崇拜，发端于黄帝和老子，创教于张道陵。道教以"道"为最高信仰，以"神仙信仰"为核心内容，以"丹道法术"为修炼途径，以"得道成仙"为终极目标，追求自然和谐、国家太平、社会安定和家庭和睦。

天后祖庙
泉州天后宫

■ 泉州古建泉山门

发展海上贸易。

其实最初人们祭海不是在顺济宫，而是在晋江边的真武庙中，而祈风仪式则在南安县的九日山上。但后来因为顺济宫的香火非常繁盛，所以这两个祭祀便都在顺济宫举行了。

到了1211年的南宋，郡守邹应龙为了便于商户和渔民们来顺济宫朝拜，在笋江下流造了石桥，取名为"顺济桥"。

并且，泉州天后宫的信仰文化走向我国台湾也是从南宋开始。据记载，早在1171年，泉州知州汪大猷就曾使一部分百姓迁居台湾。

在后来，元代著名旅行家汪大渊从泉州浮海到澎湖后，在《岛夷志略》一书中写道：

澎湖分三十六岛，巨细相间，坡垄相望……自泉州顺风，二昼夜可至……泉人结茅屋居之，各遂生育。

文中的澎湖指的就是台湾群岛，从文中可知，在元代的时候，我国台湾就已经有了泉州移民而来的百姓。同样在这一时期，台湾建起了第一座妈祖庙，称为娘妈宫，它是我国台湾地区历史上最早的一座妈祖庙。

阅读链接

顺济桥位于顺济宫的前面，横跨晋江，全长500多米，宽5米，在桥上有石栏杆和塔幢，在桥头上还有威武的石将军和桥堡。在桥身的横圖上还书有"雄镇天南"，桥中有石刻"顺济桥"3个字。

中外商船泊于岸边江中，首先看见的就是顺济宫和顺济桥这两座雄伟的建筑，"顺济""妈祖"之名随之四海传扬。

地位日益升高的妈祖神格

宋代时，泉州已经与埃及的亚历山大港齐名了，成为了世界上最大的贸易商港，与亚洲很多国家和地区有贸易往来。

到了元代，泉州港的贸易更为繁盛，和海外通商的国家更多了，海上巨船入港的数量有时多达300多艘。帝王为了使漕运和海运顺利，也多次诏封妈祖，以祈求妈祖的庇祐。

据《元史》记载，元世祖为了发展海上贸易，于

泉州天后宫正殿

非凡的天宫

1278年下诏敕封妈祖为"泉州神女"，号"护国明著灵惠协正善庆显济天妃"，妈祖的神格骤然提高，顺济宫也随之改称为天妃宫。

1281年，元世祖再次下诏册封妈祖为"护国明著天妃"，并特地指派泉州的蒲师文为册封大臣，在泉州天妃宫举办祭祀和褒封天妃的典礼。

1299年，元文宗下诏书，加封泉州海神为"护国庇民明著天妃"，并且在诏文中直呼妈祖为"泉州海神"，妈祖的海神职位进一步明确了。

1329年，元文宗又命翰林院拟定了祭文，并派遣官员到天妃宫致祭，祭文道：

圣德秉坤极，闽南始发祥。

飞升腾玉辇，变现蔼天香。

海外风涛静，寰中麟凤翔。

■ 天后宫内景

民生资保赐，帝室借匡裏。

万载歌清宴，昭格殊未央。

　　进入明代，泉州港仍是全国的重要港口。在1370年，泉州设市舶司，并在天妃宫附近的车桥村设置了来远驿，专门用来接待外宾。

　　后来，明太宗为了帮助台湾群岛开发经济和文化，1392年派遣了"闽人三十六姓"定居台湾。在这36姓人中，泉州人占了相当一部分，如南安的蔡氏、晋江的李氏和翁氏等。这些泉州人在定居台湾的同时，也将泉州的妈祖信仰文化进一步带入了台湾。

■ 妈祖雕像

　　"闽人三十六姓"到达台湾后，分别在台湾首府那霸和他们聚居的久米村建起了上、下两座天妃宫。宫成之后，琉球当地的地方官也做了规定：

　　　　自贡船开船之日起至第七日，上至大夫，下至年轻秀才，都必须参拜两天妃宫……

　　　　自第七日至贡船回归本国为止，每日大夫以下的年轻秀士与乡官士们都要轮流诣庙参拜。

市舶司 古代官署名。负责对外贸易之事。唐时对外开放，外商来货贸易，广州等地就成了重要通商口岸，朝廷在此设市舶司，或特派，或由所在节度使兼任。始于唐，盛于宋，至明末逐渐消失。清时设海关而废市舶司。

　　后来，随着交流的不断密切，妈祖神格也不断提高，妈祖信仰在台湾也逐渐深入人心。

1407年，三保太监郑和第二次出使西洋时途经泉州，遣使祭拜妈祖，当时的天妃宫因为年久失修，很多建筑都已经倾颓了，于是郑和奏报朝廷申请重修了寝殿等建筑。

寝殿又称后殿，地势比正殿高出1米多，两侧突出的部位设有翼亭，左右还设有斋馆。整座殿宇是大木构建筑，屋盖为两坡面的悬山楔，面阔7间，木质梁架粗大古朴。

大木柱置于浮雕仰莲瓣花岗岩的圆形石础之上，殿前檐柱保存一对16面青石雕的元代印度教寺石柱，柱上接木柱，刻有楹联：

神功护海国；
水德配乾坤。

■ 泉州天后宫建筑

正面原有悬挂明代大书法家张瑞图所书的"后德配天"横匾。

1417年，郑和第五次下西洋再次途经泉州，在依制祭拜妈祖之后，又去灵山伊斯兰圣墓行香，祈求祖先灵圣庇佑，存留下来的郑和行香所立碑石上刻着：

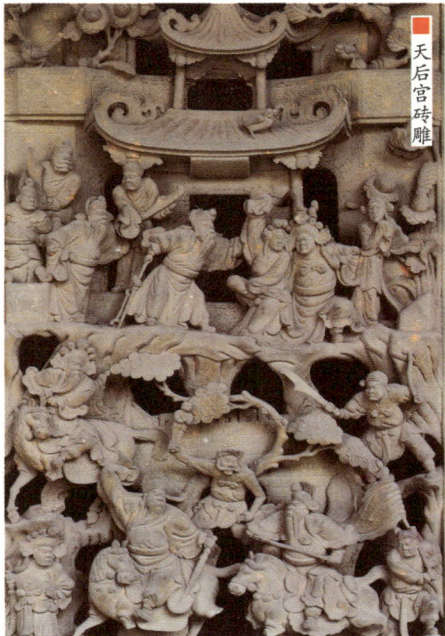
天后宫砖雕

钦差总兵太监郑和前往西洋忽鲁谟斯公干。永乐十五年五月十六日于此行香望灵圣庇佑护。镇抚蒲和日记立。

1540年，郡人徐毓集资再次大修了天妃宫，先修正殿五间，重建寝殿7间，凉亭4座，两厢30间，东西轩及斋馆28楹，于1544年落成。

在明代泉州人又分别随颜思齐、郑芝龙和民族英雄郑成功移民到了台湾，再一次将妈祖文化带入了台湾。

阅读链接

"闽人三十六姓"中大部分人都是泉州人，他们在从泉州前往台湾的途中，船只必须经过沧水和黑水。

沧水和黑水是一条深达2000多米的大海沟，古称"沧溟"，又称"东溟"。海沟中波涛汹涌，航海者经常在此遇难。

他们为了能够安全到达台湾，在出发前就在泉州天后宫举行了祭祀，然后将妈祖恭奉于船中。就这样，妈祖伴随他们从泉州出发，一路保护他们顺利到达了台湾。从此，泉州妈祖的信仰文化也随着这些泉州百姓在台湾落地生根了。

泉州妈祖文化深入台湾

泉州天后宫圣旨碑

聖旨

　　1680年，清朝靖海侯施琅奉旨东征台湾，统一祖国。他分兵三路出击，最终取得胜利。据泉州知州刘颖所编的《泉州府志》载：

　　国朝将军施琅征海师次于此，神有助顺功。

　　平定台湾后，施琅感念妈祖神恩，上书康熙帝请封，历数妈祖助顺神迹。在1684年，康熙遂敕封妈祖为"护国庇民妙灵昭应弘仁普济天后"，天

■ 泉州妈祖庙大殿

妃宫也改名为"天后宫"了。

后来，施琅将军为报答妈祖的恩惠，对天后宫进行重修和扩建。并且在施琅平定台湾和重修天后宫的期间，他也带领泉州百姓向台湾进行了3次大规模的移民。

到了1723年，雍正御书匾额"神昭海表"，悬挂于殿中，乾隆后历代有重修。后来清文宗加封妈祖为"天上圣母"，泉州天后宫又进行了大规模的修建。

在清代，私商贸易和向台湾的移民热潮也在泉州港进一步兴起，泉州的妈祖信仰文化也随着泉州商人和移民的足迹更为广泛地传播。

1732年和1760年，清政府曾两次开放海禁，当时有许多泉州人乘机东渡，到达了台湾。

也正是因此，台湾的居民中有很多人的祖籍都是泉州。这些泉州人，在来到台湾的同时，也将妈祖文化带到了台湾。

侯 古代分封制度中的爵位之一。爵位是古代皇帝对贵戚功臣的封赐。旧时说周代有公、侯、伯、子、男5种爵位，后代时爵称和爵位制度往往因时而异。

清文宗 清朝第九任皇帝，全名为爱新觉罗·奕詝，即咸丰帝，在位11年，是道光帝的第四子。葬于河北遵化的清东陵之定陵。在位期间对妈祖进行了敕封，并拨款重修了泉州天后宫。

非凡的天宫

符 指书写于黄
色纸、帛上的笔
画屈曲、似字非
字、似图非图的
符号。通常和篆
同时出现，称为
符篆。篆指记录
于诸符间的天神
名讳秘文，一般
也书写于黄色
纸、帛上。在宗
教信仰文化中，
符篆是天神的文
字，是传达天神
意旨的符信，用
它可以召神勒
鬼，降妖镇魔，
治病除灾。

　　台湾的妈祖基本上可分为湄洲妈祖、泉州妈祖、同安妈祖三大类别，它们分别为湄洲妈祖、泉州妈祖和同安妈祖的分灵。

　　从台湾妈祖庙宇的级别来看，都属于大陆妈祖庙的分灵。一是从大陆捧持妈祖神符或香火到台湾奉祀，称为"分香"；二是从大陆捧持妈祖的神像到台湾奉祀，称为"分身"。它们大概都是出于明清时期福建向台湾大规模的移民。

　　在这些移民的百姓当中，泉州百姓一直是开发台湾的主力军。他们在台湾的开发是由南至北，从西而东的，因此，台湾岛上的妈祖庙建造年代的顺序也是如此。

　　1709年泉州人陈赖章开发台北的时间，与台北天

■ 湄洲妈祖庙

后宫的修建年代接近。

■ 泉州闽台缘博物馆

1720年，泉州人林列开发新竹的时间，与新竹的长和宫修建年代相近。道光年间泉州曾氏开发桃园的时间，与当地仁海宫的修建几乎同时。

由此可见，台湾的妈祖信仰文化大部分都是泉州天后宫妈祖信仰文化的延续。

台湾有800多座妈祖庙，妈祖的信徒占总人口的四分之三，台湾堪称妈祖信仰的极盛之地。

这些庙宇的殿堂、山门、龙柱、石壁、石楣以及上面雕绘的人物、花卉、鸟兽等，尽是泉州的能工巧匠的杰作。从而也证明了，台湾的很多妈祖庙，都是泉州天后宫的分灵。

由于台湾的妈祖庙和泉州天后宫有着不可分割的紧密联系，后来，在泉州天后宫专门建设了"闽台关系史博物馆"。

闽台关系史博物馆是反映祖国大陆福建，与宝岛

龙柱 指用天青墨玉、霞玉、汉白玉、墨玉、大理石或花岗石等石材玉料，雕刻的龙形浮雕柱体。有圆形和棱形。龙柱是中华民族的传统建筑物，有着悠久的历史。相传既有道路标志的作用，又有过路行人留言的作用，在原始社会的尧舜时代就出现了。

台湾历史上渊源关系的专题性博物馆。

馆内收藏有大量珍贵的历史文物和民俗文物，曾多次举办过大型的展览会，如"闽台民间艺术展""泉州古今字书展"和"闽台民俗风情摄影展"等。

台湾的各大天后宫长期以来就跟泉州天后宫有交往。在两地的天后宫内，都保存有对方几十年前互赠的匾额。

妈祖塑像

为了促进两岸文化交流，每年元宵节的时候，泉州天后宫都会举行"乞龟仪式"。祈福的大"米龟"则是由两岸的信众一起捐赠的。台湾的信众们也到泉州天后宫祈福。

阅读链接

每次泉州天后宫"乞龟"活动点睛仪式开始后，会有专人为大"米龟"点睛，这就意味着为期6天的"乞龟"活动正式开始了。

这时，闻讯赶来的香客会依次走过象征平安吉祥的"平安桥"，这代表在新的一年里就能得到平安、顺利。

在米龟点睛仪式结束后，香客们会蜂拥而上，摸着大"米龟"，口中念着："摸到头，起大楼；摸到嘴，大富贵；摸到尾，有头又有尾……"

赤湾天后宫

　　赤湾天后宫也叫天后博物馆，坐落在广东深圳赤湾村旁小南山下，依山傍海，风光秀丽。以天后宫为中心的"赤湾胜概"是明清时期"新安八景"的第一景。

　　赤湾天后宫始建于宋代，明、清两代多次修缮，规模不断扩大。殿宇巍峨壮丽，外景气象万千，是我国沿海地区最大的天后宫庙，拥有99道门，也是深圳历史上最负盛誉的人文景观。

妈祖慈目下的天后宫盛景

赤湾天后宫坐落在广东深圳赤湾村旁的小南山下，始建于宋代。它原名为"赤湾天妃庙"，1684年更名为"赤湾天后宫"。

赤湾天后宫在鼎盛时建有山门、日月池、钟鼓楼、前殿和正殿等数十处建筑，是我国沿海地区最大的拥有99道门的天后宫。

赤湾天后宫的整体色调是天蓝色，仿若海洋一般。在天后宫的院

■ 天后古庙

■ 赤湾天后宫大殿

门围墙上，有40余通书法碑林，刻下了历代名人书写的与天后有关的墨宝，内容都是记录这位华人圣母的传奇故事和对赤湾天后宫赞誉。

赤湾天后宫大门的正前方，是一堵天后圣母照壁，照壁上刻着"中华海神，天后圣母"8个大字，与照壁前的天后像相映成辉。在天后圣母照壁对面是天后前殿。

赤湾天后宫前殿为天后宫重要建筑之一。前殿面宽24米，高10余米。正门台基前面的浮雕纹样石刻，相传为宋代末年赤湾天妃庙原建筑构件。

前殿的前正面有龙柱4根，用整块青石精镂而成，鬼斧神工，栩栩如生，是宫中最珍贵的文物。这4根龙柱每根高4米多，全部采用我国传统石雕镂刻而成，双龙盘柱，态势生动。

台阶两旁设置海神天后的守护神兽圆雕石麒麟两

照壁 我国传统建筑特有的部分。明朝时特别盛行，一般来讲是在大门内的屏蔽物。古人称之为"萧墙"。在旧时，人们认为自己宅中不断有鬼来访，修上一堵墙，以断鬼的来路。另一说法为照壁是我国受风水意识影响而产生的一种独具特色的建筑形式，也称"影壁"或"屏风墙"。

龙床 在宗教文化中，人们认为龙床是最宝贵的床，故称之为"龙床"，尊之为仙人之床，神灵的卧榻。庙内设龙床，是世人相信，神仙也需休息，各地都有很多仙人下榻的古迹。庙内设龙床，即表示仙人下榻之地，故十分神圣。

■ 赤湾天后宫牌坊

尊，寓意着天后宫的神圣与庄严。

赤湾天后宫正殿古典而巍峨，是按"官式做法、闽粤风格、海神特点"这3个原则修复的，是宫中最负盛名的殿宇，也是瞻拜朝圣者必到之处。

正殿的建筑结构简明、利落，色彩以大红配搭黄色为主，光线十分明朗。在正殿塑有一尊天后神像，高6米多，面容慈祥秀美，像慈母一样注视着来往香客，因此被信徒们亲切地称为"最美妈祖娘娘"。

赤湾天后宫正殿的左边是香云阁，其中最吸引人的是那些吊满一屋的塔香。这些塔香又称好运塔，在香云阁中，塔香林立，氤氲袅袅，使人们的身心都得到了平静。

来香云阁点燃一个塔香，祈福求安，表达人们希望妈祖能保佑他们一生如意吉祥的愿望。来香云阁点塔香已经是民间流传已久的风俗了。

■ 天后宫香云阁

在正殿两旁的门可以通往左右的偏堂。左偏堂为庙祝居住的地方，右偏堂为天后寝宫。以前，在寝宫内设"龙床"，据说抚摸该龙床可添丁发财，尤以天后诞之日摸之最灵。

1310年，明朝中使张源出使泰国，途遇狂风恶浪，危在旦夕。张源情急中大呼天后娘娘，幸得妈祖显灵庇护，得以脱险完成使命。完成使命后，张源为了报答妈祖神恩，重修了天后宫。

从此，赤湾天后宫声誉日隆，历代官员感其护国护民大功，多次重修扩建不遗余力。后来，郑和奉明成祖朱棣之命，率领舟师远下西洋，开创海上"丝绸之路"，赤湾天后宫为其重要一站。

在1403年，三宝太监郑和率领舟师远下西洋，其副使张源重修了天后宫。照壁左右两边的日月池和神泉井，还有挂满许愿布条的许愿树，都是由张源在重

明成祖（1360—1424），朱元璋第四子。明朝第三位皇帝，谥号"启天弘道高明肇运圣武神功纯仁至孝文皇帝"，原庙号太宗，后由明世宗改为成祖。一生文治武功赫赫。他统治期间社会安定、国家富强，后世称这一时期为"永乐盛世"，明成祖也被后世称为永乐大帝。

非凡的天宫

■ 天后宫日月池

修天后宫的时候建成的。

日月池分别建在赤湾天后宫大门前照壁的两旁。日为阳，月为阴，日月池相互对应象征着阴阳和谐，冷热有序和刚柔相济，也喻示天后圣母的丰功伟绩与天地共存，和日月同辉。

在月池旁还有一眼神泉井，天然纯净，味道甘美，相传常饮此水乌发养颜，永葆青春。另外，日月池旁还有一口井叫"神泉井"，在阅台前的叫"圣水井"。两口古井是相互对应的，一圆一方，代表天圆地方。

在民间传说，喝这两口井里的水，可以得到妈祖的保佑，益寿延年。传说有一年东莞东坑镇瘟疫肆虐，求医问药也无济于事，有人提议到赤湾天后宫祈求天后娘娘祛病消灾。

他们祭拜天后娘娘后，既喝足圣井水又用竹筒和

陶罐将井水带回家中与患者共享，果真得到了医治。

从此东莞信众每次到赤湾天后宫来都要带上大大小小的水桶，将水盛满，然后全部集中到一起，大家在摆着几十桶水的旁边围上一个大圈子，有巫婆带动大家手舞足蹈，诵经祈福，左右转动，巫婆不时在水的上方比画着，表示给圣水开光。

赤湾天后宫内还有一棵榕树，相传是郑和副帅张源重修赤湾天后庙时亲手所植，历经数百年沧桑，依然生生不息。据说有一次，它枯死了60年，但后来却又奇迹般地在树根处发出了两根连理枝，从此人们更加相信这许愿树能达成人们的愿望了。

于是，人们在盘根错节的枝丫上挂满了红黄相间的布条，把自己的各种愿望写在这些布条上。希望许愿树能帮助自己实现愿望。

1463年，兵部给事中王汝霖赴占城前到此祈拜，果然一路顺风，遂出资增建正殿三间。

1580年，广州海舫同知周希尹，在平定老万山的倭寇时，认为得到了妈祖神佑，战后，周希尹为了报答天后，增建了寝殿3间、大堂3

间、偏堂2间和檐门2座，并建亭围墙，规模盛大。

1616年，当地的一位王姓知县又修砌了日月池、石拱桥等，还加盖了牌楼。

1656年，清朝守备张应科押运粮食赴海南，在途中经过了赤湾天后宫。他进去向天后祈祷，希望能够一路顺风顺意、圆满返回。

在顺利完成使命后，张应科为赤湾天后宫一举增建了房屋12间，还建设了钟鼓楼台。

天后宫钟鼓楼在天后圣母照壁的对面。鼓为我国传统打击乐器，在远古时期以陶为框，蒙以兽皮或蟒皮，也有以铜铸成的。

赤湾天后宫的钟楼和鼓楼均为两层建筑。钟楼、鼓楼是我国古代特有的建筑，所谓"晨钟暮鼓"，在古代用以报时或在战时用以报警。每当天后宫有重大典仪或节度时，便会钟鼓齐鸣。

在明清时期，赤湾天后宫成为了朝廷官员出海使外官祭的三大天后宫之一，也是明清时期"新安八景"中的第一景。

阅读链接

在很多供奉妈祖的庙宇之内都设有龙床。在泉州天后宫内就设有一张龙床。

龙床一般都会布置得十分辉煌。床的四边挂着锦绣的帐幕。而床前则垂下了罗帐。在龙床旁边，还有梳妆台。很多信徒到庙里上香时，也会到这张龙床之前，伸手到罗帐内去，摸索一番，这种行动，叫作"摸龙床"。

摸龙床含有一种预卜今年运程的作用，因为龙床之内，有很多东西，有人摸到一粒莲子，预卜今年抱孙了，因为莲子即年生贵子之谓。

有人摸得一粒花生，预卜今年生意兴隆，因花生即生意如锦上添花之谓。有人摸到一枚铜钱，即表示今年将有大财到手。所以很多信徒，都去摸一摸龙床。

精彩绝伦的赤湾辞沙仪式

赤湾天后宫香火一直非常繁盛，并且成为了我国南方出海远航者祭祀之地的首选。并且赤湾天后宫的祭祀仪式具有浓烈的乡土色彩，"辞沙"就是其中之一。

赤湾天后宫的"辞沙"祭祀习俗已经有很长一段历史。可追溯到1464年的明代，在翰林院学士广州府事黄谏的《新建赤湾天妃庙后殿记》中记载：

凡使外国者，具太牢祭于海岸沙上，故谓

赤湾天后宫

■ 赤湾妈祖雕像

"辞沙"。太牢去肉留皮,以草实之,祭毕沉于海。

过去人们在出海前,会用"太牢"祭祀妈祖,祭祀的时候,人们会将牛、羊和猪这三种牲畜去肉留皮,用草填实,摆祭于海边的沙滩上。祭祀完毕,将三牲沉于海中。

而这整个祭祀的仪式便称为"辞沙"。后来"辞沙"成为了从赤湾出海者起航前一种固有隆重仪式的名词。

从天后诞辰的半个月前开始,各地的信众就会从各地赶来,海湾内万船云集,宫内外张灯结彩,沙滩上舞龙舞狮,热闹非凡。

据《香港掌故》中记载:

由于赤湾天后古庙宏伟，每年农历三月廿三天后诞，香港九龙水陆居民都前往赤湾天后庙去贺诞。

每逢农历三月二十三日妈祖诞辰，来沙滩上举行"辞沙"祭祀的信众数不胜数。"辞沙"祭祀大典是赤湾天后宫独有的。

"辞沙"前，做生意的人会事先在天后宫周围搭起商铺，销售香烛和食品。主持人则会将各绅士的捐赠登记、造册并入库。

祭祀开始时，主祭人会指挥将"太牢"先抬于大殿祭妈祖，领海上航行者和渔人到妈祖坐像前燃香行三跪九叩礼。祭祀完毕后焚祝文，焚帛，然后移至沙滩，将"太牢"沉入大海。

此时便会举行舞狮、唱戏、武术表演和杂耍等，而近千艘在赤湾港停留的渔船则会爆竹齐鸣，彩旗招展，盛况空前。

后来因为各种原因辞沙的方式已经改变，由海边移到了庙堂，但是人们没有忘记到赤湾举行盛大的"辞沙"祭妈祖活动，每到辞沙活动举行的时候，照样是热闹非凡。

整个辞沙活动会持续4天，在辞沙的第一天下午，会有一

戏 即戏曲，是我国特有的民族艺术，历史上也称戏剧。我国戏曲是包含文学、音乐、舞蹈、美术、武术、杂技以及表演艺术各种因素综合而成的一门传统艺术。远离故土家乡的人甚至把听、看民族戏曲作为思念故乡的一种表现。

■ 赤湾天后宫香炉

■ 赤湾天后宫雕刻

武术 打拳和使用兵器的技术，是我国传统的体育项目。武术又称国术或武艺，具有极其广泛的群众基础，是我国人民在长期的社会实践中不断积累和丰富起来的一项宝贵的文化遗产，是我国民族的优秀文化遗产之一。

些人先到天后宫。他们会在正殿、左右殿和阅台上摆设水果、饼干、牛奶等供品，给油灯添灯芯草和香油，做完这些，他们还会在山门平台上用竹片搭好人形架子，用纸糊一个"鬼王"。

这"鬼王"右手执令箭，左手托"善恶分明"令牌，腰系大鼓，面目恐怖。同时还会再糊一县令和其所骑的小白马。到了晚上，他们则要在大殿举行一个简单的祭拜仪式。

第二天上午，南巫、武术队和舞狮队等也会相继赶到，南巫身着道士长袍，敲锣击鼓，吹奏唢呐，诵经念文，在正殿内外带领信众叩首祭拜，祈祷天后娘娘保佑他们。

信众按领头南巫指挥，叫跪下祭拜则全部下跪，喊起来祭拜就全部起身。在祭拜信众中有的手托一捆衣物，这是赤湾天后宫祭祀的一个习俗。

信徒会将家人所穿衣物洗干净，按年龄大小依次捆好带来，对着天后娘娘祭祀，表示让衣服沾上灵气，给家人带来吉祥健康。

另外，到妈祖神像前的部分信徒会手执香烛，在大殿天后神像前和观音、财神像前不断发出"呕、呕、呕"的声音，让人听了好像是吃坏了东西要呕吐了。但这呕吐声代表妈祖神灵转附到自己的身上了，已经有了神灵的感觉，羽化成神了，能够像神那样灵验，保佑善良的人们。

祭拜结束后，信众们就开始观看舞狮表演和武术表演了。舞狮表演和武术表演都非常的精彩，动作协调，并且展现了阳刚之美，都会赢得信众们的阵阵掌声和喝彩声。

午餐后，有一阿妈搬来一张竹椅坐在山门处，双目紧闭，嘴上振振有词，全身故弄抖动，百余人在围观，当说到"阿妈保佑我们"时，引来阵阵喝彩声。

另有一个老太太，手执一把燃烧的香，放入嘴中，烟从鼻子里冒出，香从嘴里取出后，竟安然无恙，此时信众们会鼓掌喝彩，还给这老太太口袋里塞红包。

第三天晚上，大家把"鬼王"抬到院内的广场上燃烧，在燃烧前，大家争先恐后去撕"鬼王"腰上挂着的纸鼓。信徒们认为带上这纸片可祛邪，很快"鬼王"的鼓就会被信众抢去。

紧接着就要点鬼王了，南巫嘴上要念着咒语去点燃"鬼王"，鬼王点燃后大家都会把纸钱和大米撒向火海。此时，纸钱"鬼王"照天烧，整个大院火光冲天，亮如白昼。

唢呐　最初的唢呐是流传于波斯、阿拉伯一带的乐器。唢呐大约在公元3世纪在我国出现，新疆拜城克孜尔石窟第38窟中的伎乐壁画已有吹奏唢呐形象。唢呐约在700多年前的金、元时代，传到我国中原地区。唢呐史料始见于明代。唢呐发音开朗豪放，高亢嘹亮，刚中有柔，柔中有刚，是深受广大人民喜爱和欢迎的民族乐器之一。

■ 鬼王塑像

到了第四天，整个辞沙活动就达到了高潮。开始举行盛大的祭拜仪式，人们给天后娘娘下跪叩首，锣鼓唢呐声回荡在大殿。

仪式结束后，会有一只狮子在震耳的锣鼓声中腾空而起，随即俯首用嘴轻轻舔着放在案台上的所有供品，以示吉祥。南巫则抱着两个纸箱，一个是装着红花白花，一个是用来装钱，他们到供品放置的案台旁，逐个分发红花白花。据说白花代表添男，红花代表添女。

当南巫将红花白花放到信徒供品上或放到衣服的围兜里时，信徒都要合掌致谢，还要不拘多少向妈祖献些财物。

不久那只空荡的纸箱便装满了钱。最后一个程序是，将用红纸抄写的所有参加这次祭祀活动人员的名单，放在用纸糊的县令手上抱着，然后点燃县令和小白马，连同大家的名字一起化为灰烬。

缥缈的香烟把人们的芳名和愿望一起带给天后娘娘，给天后娘娘传递一个信息，让她在遥远的神仙国度里知道她的信徒是如何的虔诚。至此整个辞沙仪式也就结束了，信徒们也会渐渐离开。到赤湾天后宫的信众在祭拜妈祖后，还都会到许愿树下摘取树叶。

他们摘得树叶有的放在供品上，有的插在抬神像的轿子上，有的插在头发上，但大多是把它带回到家中，插在门楣上或插在花瓶里，表示希望把赤湾天后宫的吉祥和神灵护佑带回家。

阅读链接

在天后诞辰祭妈祖时，来到赤湾天后宫的信众都会带着礼物来朝拜妈祖。他们不仅会为妈祖填油，还都会带来一包最好的米，在油灯上先倒米、填油、捐款，再点燃香烛，祈求妈祖在这一年的时间里，保佑自己平安顺利。

这里多年来，信众所献的米、油不只是局限于倒米填油于油灯，在功德箱里、神龛上、供台上、石雕龙、麒麟上、地上等，到处都倒满了米和油。意寓为寺院送米填油，积蓄功德。